Tatort Oberpfalz

10 Kriminalgeschichten

ars vivendi

Originalausgabe

Zweite Auflage September 2015
Erste Auflage September 2013
℗ 2013 by ars vivendi verlag
GmbH & Co. KG, Bauhof 1,
90556 Cadolzburg
Alle Rechte vorbehalten
www.arsvivendi.com

Lektorat: Stephan Naguschewski
Covergestaltung: Nina Gottlieb
Druck und Bindung: CPI Ebner & Spiegel, Ulm
Printed in Germany

ISBN 978-3-86913-279-2

Tatort Oberpfalz

Inhalt

Hilde Artmeier
Ab in die Südsee

»Denk einfach an die Kohle, Kleine«, grunzt Pjotr und kramt Mütze und Strumpf aus dem Handschuhfach. »Ansonsten alles okay?«

Nichts ist okay. Vor allem, wenn ich die Ausbuchtung in der Brusttasche seiner schwarzen Jacke richtig deute. Aber ich nicke nur.

Draußen ist alles ruhig. Klar, um drei Uhr morgens schlafen vermutlich die meisten Bewohner des einsam gelegenen Villenviertels am Stadtrand von Regensburg. Nur wir beide kauern hier im frischen Dunkel, horchen auf jedes noch so leise Geräusch, beobachten das Anwesen, in dem sich die langen dreißig Minuten, während derer wir schon hier sitzen, immer noch nichts gerührt hat. Und trotz der kühlen Nachtluft schwitzen wir.

Das heißt, ich schwitze.

»Mach dir nicht in die Hosen«, raunt Pjotr mir gönnerhaft zu, tätschelt mir das Knie und zieht etwas Schweres, metallisch Glänzendes aus der Brusttasche. »Ist ja nicht das erste Mal, dass ich so was mache.«

»Lass bloß die Knarre hier!« Fast gleichzeitig drehe ich das Knie weg und schnappe nach Luft. »Verdammt, das war nicht ausgemacht!«

Er lacht nur, zwickt mich zum vermutlich zehnten Mal in den Oberschenkel, zieht sich den Strumpf übers Gesicht, öffnet lautlos die Wagentür. Wie ein Panther pirscht er durch die Nacht, schwarz und geschmeidig. Dann verschwindet er hinter der mannshohen Hecke.

Eigentlich ist mein Job kinderleicht. Nur warten, hieß es, Chauffeurin spielen, die Gegend beobachten. Doch als ich das Handy aus der Hosentasche ziehe und einschalte, merke ich, dass die Hände mir kaum gehorchen wollen. Was, wenn doch irgendein Nachbar nach einer zu langen Wirtshaustour nach Hause torkelt und mich erkennt? Was, wenn die Bullen ausgerechnet in dieser einsamen Gegend Streife fahren? Was, wenn dieser Idiot von Pjotr die alte Dame mit dem zauberhaften Lächeln über den Haufen knallt?

Ich kurble das Fenster auf der Fahrerseite herunter, blicke hinaus, atme die frische, nach Flieder duftende Nachtluft ein, lausche angestrengt. Nichts. Weder Schritte auf dem Asphalt noch der Motor eines sich nähernden Autos. Nur das Wasser plätschert kaum hörbar ans nahe Ufer, und in der Ferne blinken vereinzelt Lichter, irgendwo am anderen Donauufer. Hier in der Nähe der Fähre, die von Großprüfening, diesem äußersten Regensburger Stadtteil, jeden Sonntag nach Sinzing übersetzt, ist die Donau schmal und überschaubar. Wie in ganz Regensburg übrigens und völlig anders als weiter flussabwärts, bei Straubing etwa, wo der Strom beängstigend breit und grenzenlos ist und ich mich immer wieder so verloren fühle, dass mir beim bloßen Anblick das Atmen schwer fällt. Hier hingegen erfüllt mich der Fluss mit Ruhe.

In der Nacht wirkt er allerdings manchmal unheimlich. Wie ein glitzerndes, schwarzes Band fließt er jetzt unter der Mondsichel dahin, die mir dünn und zerbrechlich erscheint, während nur wenige Sterne am von Schleierwolken überzogenen Himmel funkeln. Fast kann man meinen, die Donau berge Geheimnisse – alte, düstere, gefährliche ...

Seufzend mache ich das Fenster wieder zu. Meine Fantasie geht mit mir durch, und wieder einmal kommt meine lyrische Ader zum Vorschein. Beides ein Erbe meines Vaters, eines ebenso begabten wie erfolglosen Schriftstellers. Schon als Kind habe ich mir geschworen, es später zu mehr zu bringen als zu spärlichem Ruhm und drei, vier Gedichtbänden, die kaum jemand lesen will.

Vermutlich sitze ich auch aus diesem Grund hier. Aber wenigstens bin ich jetzt allein. Wenn man eine halbe Stunde lang so eng aufeinander hockt wie ich gerade noch mit diesem Pjotr, wie soll man sich da dessen ständig fummelnde Finger vom Leibe halten? Der hat sich nicht im Griff. Hoffentlich klappt zumindest das in der Villa.

Wieder denke ich an den versuchten Kunstdiebstahl in der Ostdeutschen Galerie vor vier, fünf Monaten. Stand ja groß in der Zeitung. Geklaut wurde nichts, dafür hat man den Nachtwächter erschossen, der im Museum den Alarm ausgelöst hatte. Pjotr hat sich zwar nur in Andeutungen ergangen, aber mir ist klar, dass er dahintersteckt. Die arme Witwe, jetzt steht sie da mit den drei Kindern. Das Älteste ist erst sieben. Warum habe ich mich nur auf diesen Mist hier eingelassen?

Sechs Wochen ist das jetzt her. Da hab ich Pjotr zum ersten Mal getroffen. In Grace Kellys Villa, da hinter der Hecke. So nenne ich meine Chefin insgeheim. Vor vierzig Jahren, als die Baronin Angelina von Birkengrund jung, frisch verheiratet und vermutlich noch umwerfender war als in ihren reifen Jahren, muss sie wirklich wie die Hollywood-Schauspielerin und spätere Fürstin Gracia von Monaco ausgesehen haben. Ich weiß noch, wie ich als Kind Grace Kelly in dem Film *Über den Dächern von Nizza* bewunderte. Sie und die glitzernden Steine an Hals und Handgelenken, auf die der Meisterdieb John Robie alias Cary Grant aus war. Aber auch er konnte sich nicht entscheiden, was ihm besser gefiel: Der Schmuck oder die blonde Frau, die ihn trug.

Doch ich schweife ab. Also, zu Baronin Angelinas Siebzigstem war alles geladen, was Rang und Namen hat. Wie hatte ich gewienert, geschrubbt und gebürstet, damit die abgetretenen Parkettböden und zerschlissenen Teppiche halbwegs vorzeigbar aussahen. Bis auf die paar Antiquitäten in der renovierungsbedürftigen Villa und den alten Bentley hat die Chefin ja nichts vorzuweisen. Okay, auch noch eine begabte Köchin, die für Kost und Logis arbeitet, das Segelboot im Yachthafen von Sinzing und den jahrhundertealten Familienschmuck, den die Baronin wie alles andere von ihrem verstorbenen Mann geerbt hat. Außerdem ihre unzähligen Bekannten, von denen nicht jeder so standesgemäß ist, wie er vorgibt.

Auch Pjotr Huber tanzte an. Sein Vater war der angesehenste Antiquitätenhändler weit und breit, ein knallharter Geschäftsmann mit guten Manieren. Vor zwei Jahren ist er überraschend gestorben, und seither leitet Pjotr das Geschäft in der Kreuzgasse. Mehr schlecht als recht, wie man hört. Lieber treibt er sich überall dort herum, wo es etwas umsonst gibt. Spielt den Charmeur, prahlt mit vergangenen Erfolgen, versucht ständig, meiner Chefin das Meissener Porzellan abzuluchsen. Nicht mal bedankt hat er sich, als ich ihm nach dem fünfgängigen Menü Hut und Mantel reichte.

Zwei Tage später stand er dann plötzlich vor meiner Mansardenwohnung in der Benzstraße, eine Flasche überraschend teuren Whisky in der Hand. Anfangs hatte ich Angst, dass er mich zuerst abfüllen und dann flachlegen wollte. Aber ich vertrage einiges, und den Whisky wollte ich mir natürlich nicht entgehen lassen. Und außerdem war er aus einem anderen Grund gekommen.

Nach dem ersten Glas erfuhr ich, dass er seinen Namen hasste und es seiner Mutter, einer Konzertpianistin aus dem Spessart mit einer Vorliebe für Tschaikowski, immer noch verübelte, ihren einzigen Sohn nicht als Thomas oder Stefan ins Leben geschickt zu haben. Ausgerechnet »Pjotr« musste es sein. Aber es gibt schlimmere Schicksale.

Antiquitätenhandel sei ein hartes Geschäft, hörte ich beim dritten Glas. Vor allem, wenn man lieber das Spielcasino in Bad Füssing besucht, hätte ich fast gesagt. Das weiß ich von Baronin Angelinas Köchin.

Natürlich müsse man vorbauen, meinte Pjotr beim vierten Einschenken. Für die Zukunft. Jeder müsse das, so sexy Ex-Knacki-Bräute wie ich genauso wie Einzelunternehmer mit nicht mehr ganz so florierendem Laden.

»Da kommst du nie rein«, urteilte ich nach dem fünften Zuprosten. »Die Alarmanlage ist bombensicher. Die hat die Chefin von einem Verehrer gekriegt, für 'nen Spottpreis.«

»Jede Alarmanlage kann einen Kurzen haben«, spöttelte Pjotr.

»Dann bin ich meinen Job los. Und wo kriege ich einen neuen her?«

So eine gutherzige Seele wie die Baronin findet man selten. Die pfeift auf Lebensläufe. Juwelenraub und Trickbetrügerei – wie amüsant, meinte sie nur, als ich ihr beim ersten Freigang über die Straße half.

Nur mit der Pünktlichkeit nimmt sie's furchtbar genau. Und von einer Lohnerhöhung will sie grundsätzlich nichts hören. Ein Grund mehr, meine eigenen Pläne zu schmieden.

»Nach diesem Coup brauchst du keinen Job mehr. Da sonnst du dich für den Rest deines Lebens in der Südsee, Kleine.«

»Bei Zwanzig zu Achtzig reicht mein Anteil grad mal für den Flug.« Ich guckte ihn schief an. Judith heiße ich. Ist es so schwer, sich das zu merken?

»Weniger Risiko, weniger Kohle.«

Ein schlagkräftiges Argument. Davon versuchte ich am nächsten Tag auch meinen Benny zu überzeugen. Schließlich kann man auch am Gardasee Urlaub machen oder am Lago di Trasimeno. Benny fing natürlich an zu stänkern. Er muss ja immer ans Meer, am besten nach Hawaii. Aber ich greife vor.

Zunächst tüftelten Pjotr und ich den Plan aus. Klang ganz einfach: Jeden Mittwoch übernachtet Baronin Angelinas Köchin bei ihrer Tante. Der Tresor ist im ersten Stock. Zweite Tür links, am Sekretär vorbei, hinter dem Ölschinken, auf dem Segelschiffe und Delphine durch ein azurblaues Meer gleiten. Einmal hab ich die Chefin überrascht, als sie vor dem geöffneten Safe in Jugenderinnerungen schwelgte. Rubine, Smaragde, Saphire, ein Riesendiamant aus Indien, das Diadem offenbar ein Geschenk von irgendeinem florentinischen Fürsten aus dem Hause der Medici, sechzehntes Jahrhundert. Wenn ich richtig rechnete, war sie damals schon verheiratet. Bei meiner Bemerkung lächelte sie nur versonnen, aber jedenfalls stand auf der Versicherungspolice im Sekretär was von einer Million.

Ob ich vielleicht die Zahlenkombination gesehen hätte, fragte Pjotr ungewohnt freundlich.

Klar hatte ich. Die Kopie des Zettels, auf dem meine Arbeitgeberin die paar Nummern notiert hatte, steckte in meiner Hosentasche. Doch ich ließ ihn schmoren.

Nach zwanzig Minuten Herumgenörgle ging er zumindest ein wenig rauf mit den Prozenten, und ich zeigte ihm die Kopie des Zettels. Alte Damen sind vergesslich, das weiß jeder. Zwischendurch kam mir dieser böse, kleine Verdacht, dass er nur deshalb auf Vierzig-Sechzig einging, weil er mich am Ende doch übers Ohr hauen wollte. Aber wie sollte er das Ding ohne mich drehen? Und mein Benny will nun mal unbedingt vier Monate unbezahlten Urlaub.

Deshalb sitze ich jetzt hier und warte. Neun Minuten sind schon rum. Was passiert bloß da drin? Wenn der Blödmann die Knarre benutzt, dann sind wir geliefert. Am Ende muss ich noch ran und mit aufräumen helfen. Ich kann kein Blut sehen. Konnte ich nie. Hab immer sauber gearbeitet, darauf geachtet, dass alles auf meine Weise gelaufen ist. Und die Flecken im Kofferraum kriegt man ohnehin so schwer wieder raus. *Du alte Zimperliese,* hat mir mein Benny erst neulich wieder gesagt, *dauernd brauchst du eine Extratour – und zu gutmütig bist du sowieso.* Eigentlich hat er mich eher angegiftet. In letzter Zeit streiten wir ständig. Und zwar nicht nur wegen des Urlaubs auf Hawaii. Manchmal denke ich, er hat eine Andere.

Wieder ein Blick auf die Uhr. Zwölf Minuten. Wie lange dauert das denn noch? Wer hat eigentlich behauptet, dass die Zeit fliegt? Wenn man wartet, angespannt, atemlos, dann scheint sie nicht in die Gänge zu kommen.

Also denke ich an das Knistern der Scheine, die ich bald in Händen halten werde, an die Sonne am Strand und die Nächte mit Benny. Nach einigem Hin und Her haben wir uns schließlich auf das Mittelmeer geeinigt. Wenn ich es mir lange genug einrede, halte ich es irgendwann sicherlich für einen extrabreiten Fluss. Wo es doch im Unterschied zur Donau sogar an fast allen Seiten von Land umgeben ist.

Ein Surren zerreißt die Stille.

Wie in Trance greife ich nach dem Handy. »Ja?«

»Komm rein!«

Ich ziehe die Handschuhe über. Dann steige ich aus dem Wagen, schleiche in den Garten, die Terrassenstufen hinauf, leise, ganz leise, durch die angelehnte Glastür, den nachtdunklen Salon, über die Treppe in die erste Etage.

Die zweite Tür links steht offen, ein kleines, schummeriges Licht zeigt mir den Weg, mein Herz klopft eine Spur zu laut. Das Ölbild ist zur Seite geklappt, der Tresor geöffnet. Überall glimmert und glitzert es. Auf dem Boden vor dem Sekretär liegt eine zusammengekrümmte Gestalt. Blut klebt auf dem Perserteppich, überall sind hässliche rote Flecken. Mir wird speiübel.

»Da rüber«, raunt mir mein Gegenüber zu, das wie ein Schatten im Dunkeln lauert und krampfhaft etwas in beiden Händen festhält.

Widerwillig packe ich die schlaffen Arme, ziehe den Körper zu der angewiesenen Stelle, gehe in die Knie, taste nach dem Puls. Kaum mehr spürbar. In höchstens fünf Minuten ist alles vorbei. Aber da sitze ich schon lange wieder im Wagen und bin aus dem Schlamassel raus. Ein schneller Blick zu den Fenstern. Alles zu. Die Holzläden lassen keinen Schein nach draußen und keine neugierigen Blicke ins Innere. Schon bin ich beim Safe, stecke die Juwelen in Pjotrs Beutel, der zu Boden gefallen ist, schiebe ihn mir unter den Pullover.

»Und wie läuft das noch mal mit dem Geld?«, frage ich sicherheitshalber.

Im gleichen Moment merke ich, dass plötzlich auch an meinen Handschuhen Blut klebt. So ein Mist ...

»So wie mit dem Schmuck«, sagt Baronin Angelina mit dieser sanft perlenden Stimme, die mich wie ihr Lächeln von Anfang an verführt hat. »Sobald du ihn gegen Bares eingetauscht hast, wird alles geteilt. In ein paar Wochen hat die Versicherung mir den Schaden sicherlich ersetzt.«

Entspannt lässt sie das Handy in die Tasche ihres getigerten Morgenmantels gleiten, den ich nie zuvor gesehen habe, und stellt mit der anderen Hand die Statue aus Carrara-Marmor auf den Sekretär. Botticellis badende Venus, auch sie ist voller Blut. Mit einer eleganten, erstaunlich schnellen Bewegung hebt meine Chefin dann den Revolver auf, der Pjotr bei dem Schlag auf den Hinterkopf aus der Hand gefallen sein muss. Ihre siebzig Jahre sieht man der Baronin wirklich nicht an.

»Also Fifty-fifty?«, hake ich nach und wische mir verstohlen die Hände an der Hose ab.

Sie muss ja nicht wissen, wie mein eigener Plan aussieht. Sobald die Hälfte des Geldes von der Versicherung auf meinem Nummernkonto liegt, steige ich mit Benny und den Juwelen in den nächsten Flieger.

»Was sonst?« Grace Kellys gealtertes, aber immer noch engelsgleiches Gesicht leuchtet mir im dämmerigen Lichtschein schemenhaft entgegen. »Und jetzt geh! Wenn ich die Alarmanlage wieder anschalte, dauert es keine zehn Minuten, bis es hier vor Polizisten wimmelt.«

»Die werden Augen machen, wenn ihnen der lange gesuchte Raubmörder aus der Ostdeutschen Galerie in den Schoß fällt.«

Wieder wische ich mir über die Hose. Aber das verdammte Blut geht einfach nicht ab. Inzwischen ist mir so schlecht, dass ich mich sogar am Sekretär festhalten muss. Die Chefin mustert mich aufmerksam.

»Kompliment, ein wirklich gezielter Schlag«, lenke ich ab. Doch meine Stimme klingt matt und allzu zart.

»Ich wusste schon bei meinem Mann, wo ich zuschlagen muss«, entgegnet die Chefin lässig. »Seit zehn Jahren liegt er jetzt draußen in der Donau. Und nun verschwinde endlich!«

Also hat der Fluss doch ein dunkles Geheimnis, denke ich, als ich benommen zur Tür gehe. Und wenn bloß die Bullen nicht gleich an mich denken. Bei meiner Vorgeschichte ...

»Ich werde der Polizei natürlich erzählen, dass der zweite Einbrecher ein Mann gewesen ist«, höre ich die Stimme der Baronin hinter mir. »Groß war er, schlank, mit wunderschönen blauen Augen und langem schwarzem Haar. So richtig zum Verlieben.«

Sofort bleibe ich stehen. Das klingt doch ganz nach meinem Benny. Ich wusste gar nicht, dass die Chefin ihn kennt ...

Und plötzlich steht er vor mir, wie aus dem Nichts ist er aufgetaucht. Ich kneife die Augen zusammen. Aber er ist es wirklich. Hinter mir höre ich das leise, höhnische Lachen der Baronin. Mit einem unverschämten Grinsen streckt Benny die Hand aus.

»Gib mir den Schmuck, Judith«, sagt er in einem Tonfall, als würde er mich an die Abflugzeit des Fliegers erinnern.

Dabei weiß ich mit einem Mal genau, dass er ihn weder mit mir besteigen noch ans Mittelmeer fahren wird. Verdammte Südsee ...

Doch noch bevor ich etwas sagen kann, sehe ich aus den Augenwinkeln etwas Schweres, metallisch Glänzendes schräg hinter mir. Ich drehe den Kopf. Im selben Moment höre ich ein leises Klicken und in der nächsten Sekunde kracht es schon.

Markéta Čekanová
Der letzte Gerechte

Aus dem Tschechischen von Elmar Tannert

Im Sibyllenbad herrschte erstickende Schwüle. Der kühlste Ort der zweistündigen Anwendung hatte fünfunddreißig Grad, wenn man von ihrem Ende im kalten Schwimmbecken absah. Aber die zwei Männer hätten ihre erhitzten Gemüter nicht einmal dann abkühlen können, wenn mitten im orientalischen Bad eine Eislaufbahn gewesen wäre.

»Ich hab genug für dich getan!«, schrie der grau melierte, fast 60-Jährige, an dessen Statur man Wohlstand und Bewegungsmangel ablesen konnte. »Es gibt eben Grenzen, die man einfach nicht überschreitet. Gerade jetzt, wo sie den Holzbach aus Regensburg wegen der Zuwendungen untersuchen. Und Margit würde die Sache auch nicht durchstehen«, schnaubte er.

»Deine Cousine in der Landesregierung! Dein Trumpf! Aber ich will dir mal was sagen, Günter. Das Ass, das du da hast, ist gleichzeitig deine Achillesferse. Und einmal wird es dir das Genick brechen!« Der feingliedrige jüngere Mann fuhr mit dem Zeigefinger durch die glühend heiße Luft, als wollte er sein Gegenüber erstechen, der sich daraufhin wütend umdrehte und das Bad verließ, ohne das Ende der Prozedur abzuwarten. Der Empfangschef rief ihm zu, er solle sich Tee nehmen und sich in den Ruheraum begeben, doch der Grauhaarige stapfte mit finsterer Miene zur Garderobe.

Polizeidienststellen sind überall auf der Welt unwirtliche Orte, die auch durch Osterschmuck nicht schöner werden. Sabrina stand vor der Tafel, an der die Fotografien fünf toter Männer hingen. Man hatte sie in Tschechien gefunden, nicht weit von der Grenze, ohne Papiere und ohne Auto. Brutal erschlagen. Zwei waren aus Regensburg, einer aus Mitterteich. Die Identität der beiden übrigen war noch immer ungeklärt. Alle fünf hatten kurz vor ihrem Tod Geschlechtsverkehr gehabt. Ansonsten gab es keine Gemeinsamkeiten.

Kaffeeduft stieg ihr in die Nase. Sie drehte sich um und erblickte ihren Chef mit einer großen Tasse in der einen und einem Stück Gugelhupf in der anderen Hand.

»Der trauliche Familienherd«, lächelte sie ironisch.

»Mir wird er allmählich zu heiß. Im September ist meine Tochter zum Studieren nach England, und seitdem hat es meine Frau hingekriegt, mir zwölf Kilo mehr auf die Rippen zu schaffen. Ich werde bald aussehen wie ihr Lieblingsserienheld, der Bulle von Tölz.« Mit einer Handbewegung deutete er eine fettleibige Gestalt an.

»Da hast du aber Glück gehabt, dass du den Fasching und das Schlachtfest überlebt hast. Wahrscheinlich hattest du das Schlachtgewicht noch nicht erreicht«, grinste sie, und der Kriminaloberinspektor von Tirschenreuth warf ein angebissenes Stück Gugelhupf nach ihr.

Günter Brunner lehnte sich bequem in den weichen Sitz seines Mercedes und trat aufs Gaspedal. Die Landschaft zog am Fenster vorbei, Wälder wechselten sich mit Feldern ab, Teiche mit Dörfern. Im Norden schimmerten die letzten Schneereste, in südlicher Richtung grünte das erste junge Gras. Der grau melierte Geschäftsmann rückte seine Brille zurecht, schaltete einen Gang zurück, und der Wagen nahm mit Schwung die Kurve über die Anhöhe. Unten bei der Kreuzung sah er sie: ein schlankes Mädchen in engen Jeans und einer Lederjacke bis zur Taille. Er lächelte und hielt direkt neben ihr an. Als sie sich zum Wagenfenster beugte, ließ ihn ihr Gesichtsausdruck nicht eine Sekunde im Zweifel, dass es ihr nicht um eine Mitfahrgelegenheit ging.

»Und, wie sieht's aus? Scheidung überstanden?«, ließ sich Kapitán Borůvka vernehmen, kaum dass Major Suda zur Tür hereingekommen war.

»Ich hätte sie gleich nach der Hochzeit umbringen sollen, dann hätte ich die Strafe jetzt schon abgesessen«, winkte Suda ab, warf seine Jacke auf den Kleiderständer und steuerte sein Büro an. Dann drehte er sich um. »Sie ist überhaupt nicht erschienen, weil sie angeblich ihre Papiere verloren hat«, fügte er hinzu und fragte: »Habt wenigstens ihr hier bessere Nachrichten für mich?«

Borůvka erhob sich. »Wenn du auf besseren Nachrichten bestehst, haben wir leider überhaupt keine.«

Suda wurde aufmerksam.

»Aus dem Labor haben wir Neuigkeiten über den letzten Toten aus dem Wald bei der Grenze. Alles genauso wie bei den fünf Opfern vor ihm. Direkt vor seinem Tod hatte er Geschlechtsverkehr. Ansonsten nichts Besonderes, nichts, woran man ihn identifizieren könnte.« Borůvka übergab seinem Vorgesetzten eine Mappe mit ein paar Blättern.

»Na, fajn. Da werden wir ja ganz prächtige Ostern haben«, sagte Suda, nachdem er den Text überflogen hatte.

»Das ist nicht dein Ernst. Magda und ich, wir wollten ...«, versuchte der noch nicht fünfunddreißigjährige Kapitán einzuwenden.

»Nimm dir ein Beispiel an mir: Halt dir die Frauen vom Leib. Pack dir Sachen für drei Tage ein und schnapp dir ein Fahrrad. Am Nachmittag fahren wir. Eine Kombination aus Ermittlung und körperlicher Ertüchtigung.« Suda warf die Mappe auf Borůvka Schreibtisch und schloss sich in seinem Büro ein.

»Gibt es nicht einen Paragrafen, der Folter am Arbeitsplatz verbietet?«, ächzte der Kapitán und schickte sich an, seine Freundin anzurufen.

Auf dem Weg zur Kappl trat eine etwa dreißigjährige Schwarzhaarige von fülliger Gestalt in die Pedale. Vor dem Rundbau mit den drei Türmen sprang sie vom Fahrrad, lehnte es an einen Baum, atmete die Frühlingsluft ein und ließ den Blick über die erwachende Landschaft schweifen. Sie öffnete sich ihr zu Füßen in verlockende, grenzenlose Weite. Doch kaum war die Frau in ihren Gedanken versunken, näherten sich, etwas außer Atem, zwei Männer. Sie sprachen Tschechisch.

»Kostel Nejsvětější Trojice. Die Dreifaltigkeitskirche des Baumeisters Georg Dientzenhofer. Sie gilt als der bemerkenswerteste Sakralbau in Deutschland. Überall in ihr tritt die Zahl Drei auf.« Borůvka sprach wie ein Fremdenführer.

»Hast du ein Lexikon verschluckt?«, erkundigte sich Suda.

»Tschuldigung, Chef.«

Suda gab ihm einen freundschaftlichen Stoß und trat zur geöffneten Kirchentür. Innen befand sich keine

Menschenseele. Doch alles war offen, in der Büchse klimperten Münzen, von den Sockeln blickten mitleidsvoll Heilige herab, und der Altar funkelte golden.

»Kannst du dir bei uns so eine offene Kirche vorstellen? Da wäre bald nicht einmal mehr eine Bank übrig«, seufzte Major Suda.

Sie gingen wieder nach draußen, wo ihnen, von Frühlingssonne übergossen, die Schwarzhaarige entgegenkam. Sie lächelte ein wenig. Suda erwiderte das Lächeln, lobte auf Deutsch die Kirche sowie auch den Umstand, dass man hier keine Angst davor habe, freien Zugang zu gewähren. »In Tschechien wäre sie längst ausgeplündert. Es ist traurig, aber wir sind ein gottloses Volk«, fügte er hinzu, als wollte er sich stellvertretend für seine zehn Millionen Landsleute entschuldigen.

»Noch trauriger ist, dass ihr die Sachen für uns klaut«, sagte sie. »Fast alles, was aus tschechischen Kirchen entwendet wird, landet auf dem deutschen Schwarzmarkt.« Vielleicht hätte sie das Gespräch fortgeführt, wenn nicht ihr Mobiltelefon geklingelt hätte. Sie hob ab, und ihr Gesicht wurde ernst. Suda bekam mit, dass sie gegen etwas protestierte und darauf hinwies, dass doch Ostern sei. Doch dann hörte sie nur noch gehorsam zu.

Hans Ackermann saß wie auf Kohlen und überlegte, ob er nicht doch lieber den Samstagnachmittag bei seiner Schwiegermutter als ausgerechnet hier verbringen würde. Er befand sich vor der protzigen Luxusvilla von Günter Brunner in Waldsassen und dachte darüber nach, ob man all das mit ehrlicher Arbeit verdienen konnte. Brunners widerwärtige Ehefrau hatte gemeldet, dass ihr Mann von einer geschäftlichen Besprechung nicht zurückgekommen sei.

Kriminalinspektorin Sabrina Schmalz trat in die Pedale, als nehme sie an einem Radrennen teil. Die Strecke verlief schnurgerade, und Waldsassen war von der Dreifaltigkeitskirche Kappl nicht weiter als drei Kilometer entfernt. Sie fuhr im Zickzack durch die Gassen im Stadtinneren, vorbei an der gestreiften Fassade der Basilika, und stand schließlich vor dem Domizil des Ehepaars Brunner. In ihrem Radlerdress kam sie sich mehr als fehl am Platz vor.

»Du spinnst wohl«, zischte Ackermann, als er sie sah.

»Du hast gesagt: *sofort*. Ich war bei der Kapelle. Ich hätte natürlich heimfahren können und mich umziehen, aber dann wäre ich erst in zwei Stunden hier gewesen.«

Ackermanns stahlgraue Augen blitzten. »Da weiß ich jetzt nicht, was schlimmer ist. Wusstest du, dass Brunner der Cousin der oberpfälzischen Regierungspräsidentin ist?«

Die Frau des Vermissten betrachtete die Inspektorin, als sei sie ein abstoßendes Insekt. Allein die Sorgen um ihren Ehemann brachten sie dazu, sich mit einer so geschmacklosen Erscheinung wie der üppigen Schwarzhaarigen im Radlerdress abzugeben. Zwanzig Minuten lang schilderte sie den Polizisten, dass ihr Mann die ganze Woche auf irgendwelchen geschäftlichen Besprechungen gewesen und nicht zurückgekehrt sei. Sein Telefon sei ausgeschaltet.

»Er ist oft die ganze Woche weg, aber am Wochenende kommt er immer, verstehen Sie, *immer* nach Hause. Und jeden Tag meldet er sich«, sprach sie ebenso eindringlich wie eiskalt. Zum Schluss konstatierte sie, dass im Haus vom Eigentum ihres Mannes nichts fehle außer den Dingen, die er für gewöhnlich unterwegs dabei habe, gab Ackermann und Sabrina ein Foto von ihm und nannte ihnen sein Autokennzeichen.

Am Karsamstagnachmittag beschloss Major Michael Suda, sich mit den Sexdienstleisterinnen an der Grenze zu unterhalten.

»Wir haben doch seit Januar schon alle verhört«, protestierte Borůvka. »Die lügen entweder oder sagen gar nichts, weil sie Angst haben vor ihren Zuhältern. Das ist bloß Zeitverschwendung.« Einzig die Tatsache, dass sie diesmal mit dem Auto fahren würden, versöhnte ihn mit dem Vorhaben des Majors.

»Sieh darin ein Ostersymbol: Sie alle sind Töchter Maria Magdalenas«, Suda zog die Augenbrauen hoch. Diese Geste konnte Borůvka nicht ertragen. Sie bedeutete *ich bin hier der Chef, und ich habe immer recht.* Dieses Mal sah es allerdings so aus, als ob der um fünfzehn Jahre jüngere Kapitán Borůvka recht behalten würde. Die Mädchen sträubten sich, erinnerten sich an nichts, hatten nichts gesehen, kannten niemanden, und Suda begann, sich zu fragen, ob sie überhaupt ihren eigenen Namen wussten.

»Ich weiß da vielleicht was«, flüsterte eine schmuddelige Nutte in einem grünen T-Shirt mit Blitzmuster auf den verwelkten Brüsten. Sie erwartete Suda bei der Toilette an der Tankstelle, wo ihr Arbeitsplatz war. Es stank widerlich.

»Also, raus damit«, forderte er sie auf. Sie schob ihren Kaugummi von rechts nach links, und in ihren Augen stand geschrieben, dass umsonst kein Huhn scharrt.

Suda bot ihr seine letzte Zigarette an. »Wenn es mir passt, dann kann ich dich auch ins Auto verfrachten, und wir plaudern erst bei uns – und ich krieg immer alles raus. Also feilsch nicht lang rum.«

»Diese Typen, nach denen Sie fragen … zwei von denen waren vorher bei Mädchen von Semjonov. Ganz bestimmt.«

»Woher weißt du das?«

»Ich hab sie gesehen«, sagte sie, warf den Kopf zurück, wandte sich um und stolzierte davon. Die angebotene Zigarette verschmähte sie nicht.

Suda lenkte seine Schritte zu den vietnamesischen Verkaufsständen mit ihrem zwielichtigen Warenangebot, um seinen Vorrat an Tabakwaren aufzufüllen, unentbehrlicher Treibstoff für jeden Polizisten. Als er dort ankam, stoppte ein schwarzer BMW mit deutschem Kennzeichen. Ein athletisch gebauter Bursche stieg aus dem Wagen und kaufte eine Stange Marlboro.

»Neuhunnertswaantsich«, sang der Asiate.

Suda nahm sich ebenfalls eine Stange.

»Achhunnertsäächtsich.«

»Cože?!«, heulte der Deutsche auf.

»Ist Krise. Wir Tschechen müssen zusammenhalten«, lächelte der Vietnamese.

»Das nächste Mal zieh ich mir 'nen Trainingsanzug an und fahr im Trabant vor«, schrie der Deutsche, sprang in seinen BMW, knallte die Tür zu und schoss davon.

Hans Ackermann kaute bedächtig an einem Osterzopf, während Sabrina sich bemühte, Neues über den verschwundenen Geschäftsmann in Erfahrung zu bringen:

»Der Kerl arbeitet offenbar für mehr als die Hälfte aller Industriebetriebe in der Oberpfalz«, sagte sie.

»Er ist ihr Lobbyist bei der Bezirksregierung, diktiert den Politikern Gesetze und Verordnungen und lässt sich von ihnen öffentliche Aufträge zuschustern. Das kann ein verdammt hoch gepokertes Spiel sein.«

»Genau so habe ich mir das Osterwochenende heuer vorgestellt«, seufzte der Oberinspektor. »Also verderben wir es auch seiner Assistentin und jedem, mit dem er sich in dieser Woche getroffen hat.«

Obwohl der Eiserne Vorhang schon vor fast einem Vierteljahrhundert gefallen war, hing sein Schatten noch immer über den Wäldern entlang der bayerisch-tschechischen Grenze. Ganze Dörfer waren verschwunden. Nur Kirsch- und Apfelbäume inmitten des Nadelwalds erinnerten noch an sie, und hochgewachsene Linden bewachten Gedenksteine mit den Namen vergessener Gefallener des Ersten Weltkriegs. Weiß Gott, warum die Denkmäler sämtliche Liquidierungsmaßnahmen überlebt hatten. Suda und Borůvka fuhren durch das Gebiet zwischen Autobahn und Grenze und suchten noch einmal die Stellen auf, an denen die sechs erschlagenen Deutschen aufgefunden worden waren. Wie eine verspätete Rache für das Münchner Abkommen, schoss es Borůvka durch den Kopf.

»Warten wir darauf, dass uns der Ostersonntag die Schatzkisten öffnet? Dass uns das Land seine Geheimnisse offenbart?«, fragte er. Statt ihm zu antworten, gab ihm sein Vorgesetzter einen Stoß.

Sie hielten an und stiegen aus dem Wagen. Sie waren an der Fundstelle des ersten Toten. Etwa zwei bis drei

Kilometer von Rozvadov. Deutschland war nur einen Steinwurf entfernt.

»Ich hab meinen Militärdienst an der Grenze abgeleistet«, erinnerte sich Suda. »Nur ein Stück von hier, auf dem Rabenberg. Wir haben die feste Barriere des Friedens und des Sozialismus vor den widerwärtigen Imperialisten geschützt.«

»Hast du jemanden erschossen?«, erkundigte sich Borůvka. Suda schüttelte den Kopf.

»Nein. Aber zwei Monate, bevor ich angetreten bin, hat einer von den Altgedienten jemanden niedergeschossen. Um die Wahrheit zu sagen: Ich hätte es auch getan. Man hat uns eingebläut, dass es sich um Mörder handelt, um bis an die Zähne bewaffnete Verbrecher. Jetzt, wo mir klar ist, dass das ganz normale Leute waren, die nur aus dem Käfig rauswollten, wird mir heute noch schlecht.« Suda warf die Zigarettenkippe weg, machte auf ihr mit dem rechten Fuß kehrt und schlug den Waldweg ins Landesinnere ein. Er hatte kaum hundertfünfzig Meter zurückgelegt, als er nach Borůvka rief.

»Tomáš! Hol die Kamera und komm her!«

»Fräulein Heller, wir brauchen den kompletten Terminkalender von Herrn Brunner«, sagte Ackermann eindringlich, nachdem er den Wochenplan überflogen hatte, den ihm die Assistentin des Verschwundenen ausgehändigt hatte. Die Termine darin waren bei Weitem nicht genug, um eine ganzwöchige Abwesenheit von Zuhause zu rechtfertigen. Es gab eine Besprechung mit einigen Bezirkstagsmitgliedern und Landesministern, eine Skypekonferenz mit dem Landesjustizminister sowie drei Termine, allesamt in der Oberpfalz, mit Bankern und Industriemanagern.

»Das ist alles«, druckste die Assistentin.

»Warum war Herr Brunner die ganze Woche außer Haus? Warum ist er nachts nie nach Hause gekommen?«, fragte Sabrina geradeheraus. Hannah Heller kam ins Schwitzen und begann, nervös ihre Finger zu kneten. Sabrina sah sie unverwandt an: »Wie lange?«

Die Assistentin öffnete den Mund und schloss ihn sofort wieder. Sie fuhr sich mit der rechten Hand über das Gesicht, strich sich nervös durch die Haare.

»Weiß Frau Brunner von Ihrer Beziehung zu ihrem Mann?«, fragte Ackermann.

Hannah Heller seufzte: »Sie hat gesagt, sie würde lieber Günter umbringen, oder mich, als sich durch eine Scheidung ruinieren zu lassen. Aber wir haben uns am Dienstag getrennt«, fügte sie eilig hinzu.

»Warum?«, erkundigte sich Sabrina. Die Augen der Heller füllten sich mit Tränen. Sie blinzelte heftig, um sie loszuwerden, doch die Polizisten hatten sie bereits bemerkt. Brunners Assistentin trat ans Fenster und blickte auf die Straße, als suche sie dort Hilfe.

»Ich habe festgestellt, dass er schon Weihnachten mit der Bürgermeisterin von Weiden was angefangen hat.«

Der Oberinspektor glaubte sich einer Ohnmacht nahe.

Kapitán Borůvka folgte Major Suda, der aus dem Gebüsch einer Schonung einige Heiligenstatuetten zog, und klickte fleißig auf den Auslöser. Es waren acht, allesamt ziemlich verblichen und von Holzwürmern zerfressen.

»Ich dachte schon, in Tschechien wäre keine einzige Kirche übrig geblieben, die noch nicht ausgeraubt wurde – sieh mal an«, sinnierte Borůvka. Mit gummi-behandschuhten Händen wendete er die Statuette und betrachtete sie von allen Seiten, aber es war keine Spur zu entdecken, die auf ihren Ursprungsort hingewiesen hätte.

Suda stand auf und sah sich mit geschultem Blick in der Umgebung um.

»Das gibt's doch nicht«, zischte er und ging zielstrebig zu einer großen Lärche am Rand der Schonung. Aus dem Gras ragten Füße in Herrenhalbschuhen. Der Major blieb stehen, besah sich das Umfeld und setzte dann seinen Weg vorsichtig fort, um möglichst keine Spuren zu zerstören. Einen Moment später hatte er ein Mobiltelefon am Ohr: »Wir haben den nächsten erschlagenen Kerl an der Grenze. Herrgott, wie soll ich euch denn genau sagen, wo ich bin? Im Wald bei Rozvadov, links eine Fichte, rechts eine Kiefer, bei einer Lärche ein toter Mann. Macht doch einfach eine Handyortung und schickt mir eine Truppe her«, schnaubte er. »Und ein paar von unseren Sittespezialisten sollen mir sofort über die Zuhälter den Alexej Vladimirovitsch Semjonov auf-treiben.«

»Chef«, Borůvka Stimme verhieß nichts Gutes. »Das wird dir überhaupt nicht gefallen.«

»Der erschlagene Kerl und diese Heiligenversamm-lung gefallen mir auch nicht. Was hast du da?«

Borůvka hielt in der linken Hand eine Damengeld-börse, die er ein Stück vom Toten entfernt auf dem Boden gefunden hatte. Mit der rechten entnahm er ihr einen Ausweis, der auf den Namen von Sudas Frau lau-tete – Alena Sudová.

Bürgermeisterin Möller lag im Ruheraum des Sibyllenbades. Sie schlürfte türkischen Tee und erholte sich von der Prozedur im Badetempel. Sie hatte sich das Königsbad gegönnt, das sie wohlig erwärmt und entspannt hatte. Als sie zur Garderobe zurückkehrte, fand sie auf ihrem Mobiltelefon einige verpasste Anrufe vor.

»Können Sie mir sagen, warum Sie mich mitten am Feiertag behelligen?«, fuhr sie den Oberinspektor Ackermann an, kaum dass er sich vorgestellt hatte.

»Verbrecher kennen keine Feiertage, Frau Bürgermeisterin. Wir ermitteln im Fall eines vermissten Mannes, und Sie sind wahrscheinlich eine der letzten Personen, die ihn gesehen haben.«

»Der wird nach den Feiertagen bestimmt wieder auftauchen«, entgegnete sie scharf.

»Das können wir natürlich nicht ausschließen, aber im Hinblick darauf, um welche Person es sich handelt, können wir uns leider keine Versäumnisse erlauben. Wo finden wir Sie?« Der Inspektor ließ sich nicht abwimmeln. Bürgermeisterin Möller seufzte demonstrativ und stimmte einem Treffen zu.

Die Kollegen von der Kriminaltechnik legten die Heiligenfiguren in einen Beutel und sammelten im Umkreis Spuren. Dieser Fall unterschied sich von den vorangegangenen. Durch gestohlene Heilige und den Geldbeutel der Frau des Majors.

»Glaubst du, dass meine Frau durchs Grenzland bummelt und Ausländer umbringt? Die hätte höchstens mich umgebracht«, grübelte Suda laut, während Borůvka die Geldbörse in den Beutel für Beweisstücke steckte.

»Fingerabdrücke«, sagte der Major mit hochgezogenen

Augenbrauen und klopfte auf die Plastikfolie. »Vielleicht ist sie von diesem Typen beklaut worden.«

»Soll ich das Foto von dem Toten gleich nach Deutschland schicken, oder fahnden wir vorerst nur hier?«, fragte Borůvka.

»Schick's ab. Meine Frau soll jemand anders festnehmen. Mir würde sie Befangenheit unterstellen.«

Weder das Gespräch mit der Weidener Bürgermeisterin noch ein halbes Dutzend weiterer Verhöre brachten Ackermann und Sabrina voran. Sie hatten zwar eine genauere Vorstellung davon bekommen, was Günter Brunner sowie etwa siebzehn oberpfälzer Politiker und Geschäftsleute im Verlauf der Woche gemacht hatten, aber die Antwort auf die Frage, wo der Lobbyist jetzt war, hatten sie noch immer nicht.

Der Präsident der Industrie- und Handelskammer war von ihrem Besuch ebenfalls in keinster Weise begeistert.

»Ja, ich habe diese Woche mit Herrn Brunner gesprochen«, räumte der kleine Mann in mittleren Jahren unwillig ein.

»Gesprochen?«, fragte der Inspektor. »Unseren Informationen zufolge haben Sie sich gestritten.«

»Da ging es um nichts weiter«, winkte er ab.

»Und ob es um was ging. Worum?«, fragte Sabrina.

Der Präsident sah durch das große Fenster auf den Garten und atmete tief: »Wir konnten uns nicht über diese deutsch-tschechischen Projekte einigen, mit denen wir gerade beschäftigt sind.«

Semjonovs Lederjacke hatte garantiert nicht weniger als sechstausend Kronen gekostet, die Goldkette um seinen

Hals doppelt so viel. Die Luft im Vernehmungsraum war wie eingedickt vom schweren Duft seines Parfüms. Suda breitete auf dem Tisch die Fotografien der erschlagenen Männer aus.

»Kennst du sie?«

»Die sehen aber aus«, grunzte Semjonov und sah dem Major herausfordernd in die Augen.

»Die haben mal besser ausgesehen. Bis sie sich mit deinen Mädels vergnügt haben. Was weißt du darüber?«

Semjonov zuckte die Schultern. »Ich hab sie nicht umgebracht.«

»Das glaub ich dir. Du würdest dir nicht mit Arbeit die Hände schmutzig machen. Und auch Mord macht ja schließlich Arbeit.«

»Bei diesen deutsch-tschechischen Projekten, von denen der Handelskammerpräsident geredet hat, geht es um eine Menge Geld. Tausende von Euros«, Ackermann wandte den Blick vom PC-Bildschirm ab und sah über einen Berg von Essen auf seinem Schreibtisch zu Sabrina hinüber. Ostern war vorüber, und seine Frau hatte ihm die angesammelten Reste der Feiertagsmahlzeiten mitgegeben. »Brunner ist ein Lobbyist. Von diesem Beruf verstehe ich nichts, aber irgendjemand muss ihn ja wohl für irgendwas bezahlen. Was, wenn es bei ihrer Auseinandersetzung um irgendwelche Beteiligungen ging?«

»Könnte sein«, nickte Sabrina. »Komm mal her und schau dir das an. Ich hab hier die Bankkonten. Es sieht so aus, als hätte die Kammer Brunner bezahlt, und er wiederum hat einen Teil des Geldes auf das Privatkonto des Präsidenten zurücküberwiesen.«

Von Ackermanns Rechner ertönte ein Signal, das neue Nachrichten, neue Fahndungsergebnisse ankündigte. Der Inspektor klickte auf das entsprechende Icon, und auf dem Monitor öffnete sich die Seite der grenzüberschreitenden deutsch-tschechischen Fahndungsaktivitäten. Dort stand, dass in den Wäldern bei Rozvadov ein weiterer erschlagener Mann gefunden wurde. Papiere oder ein Auto nirgends. Unweit von ihm im Gebüsch eine Heiligenfigur und eine Damengeldbörse. Er sah sich das Gesicht an, dessen Züge der Täter gründlich verändert hatte, doch Sabrina und Ackermann waren sich sicher: Der Tote war Günter Brunner.

»Hast du schon mal mit Deutschen zusammengearbeitet? Der helle Wahnsinn. Die haben kein Improvisationstalent, alles muss vorgeplant sein. Bei denen erstattet wahrscheinlich auch ein Mörder im Voraus Bericht über den Fortgang seiner Arbeit.« Borůvka sprach mit Nachdruck und wühlte dabei im Chaos auf seinem Schreibtisch.

»Ein bisschen mehr System könnte dir auch nicht schaden«, bemerkte Suda und steuerte sein Büro an.

»Und sie haben nicht den geringsten Sinn für Humor!«

»Der fehlt mir manchmal auch«, sagte der Chef und schloss die Tür.

»Hast du schon mal mit Tschechen gearbeitet?«, fragte ungefähr im selben Augenblick Hans Ackermann seine Untergebene. Sabrina schüttelte den Kopf. »Dann bereite dich schon mal auf absolute Anarchie vor. Die wissen nicht, was Plan und Vorbereitung ist. Ihr Motto lautet:

Wir lösen ein Problem dann, wenn es auftritt. Aber Ergebnisse haben sie, das muss man ihnen lassen.«

»Abgesehen von den sechs Toten innerhalb von drei Monaten, ohne dass es eine brauchbare Spur gäbe.« Sabrina schüttelte ihre schwarze Mähne.

»Du wirst dich schon mit ihnen verstehen. Du hast doch tschechische Vorfahren, oder?«

Sie sah ihn überrascht an. »Woher weißt du das? Mein Großvater war von der anderen Seite der Grenze. Von ihm stammen die Ausstellungsobjekte aus der Arbeitswelt im Museum Neualbenreuth. Bist du dort schon einmal gewesen? Im Stockwerk über dem Infozentrum ist so eine kleine Ausstellung aus Marienbad. Mein Urgroßvater hat im Hotel Ott gearbeitet, und als er nach dem Krieg weggehen musste, hat sich jeder gefragt, warum er Speisekarten und allen möglichen anderen Kram mitgenommen hat. Und jetzt sind sie dort ausgestellt«, sagte sie mit einem gewissen Stolz.

»Dann weck die tschechischen Gene in dir. Morgen fährst du nach Pilsen«, schloss Ackermann das Gespräch.

Am nächsten Morgen verspürte Major Michal Suda ein flaues Gefühl in der Magengegend. Als das Telefon auf seinem Schreibtisch klingelte und der Empfang ihm meldete, dass unten Besuch aus Deutschland sei, schrumpfte sein Magen auf die Größe einer Linse.

»Horst Schimanski ist also hier«, bemerkte er, als er an Borůvka vorbeiging.

»Der war doch aus Duisburg. Das ist Severní Poryní-Vestfálsko. Nordrhein-Westfalen. Zu uns kommen Kollegen aus Bavorsko«, verbesserte ihn der Kapitán.

»Dann ist es eben der dicke Ben aus Lázně Tölz.«

Unten wartete die üppige Schwarzhaarige, die sie bei der Kappl bei Waldsassen getroffen hatten. Sie stellte sich als Sabrina Schmalzová vor. Er führte sie auf direktem Weg zur Forensik. Dort empfing sie ein rothaariger Kraftprotz mit Vollbart und verschmierten Brillengläsern. Er hieß Fadrný und wechselte fließend vom Tschechischen ins Deutsche und wieder zurück.

»Die Tötungsart war bei Günter Brunner dieselbe wie bei den sechs Opfern vor ihm: ein Schlag mit einem schweren Gegenstand, wahrscheinlich ein Baseballschläger oder etwas Ähnliches.«

»Entschuldigen Sie – sagten Sie sechs?«, fiel sie ihm ins Wort. »Wir wissen nur von fünf.«

»Bei dem sechsten haben wir bis jetzt noch keine internationale Fahndung ausgeschrieben. Der ist vor zehn Tagen dazugekommen. Wir zeigen ihn Ihnen später«, versprach Suda. Fadrný fuhr fort: »Vor dem Tod hatte er Geschlechtsverkehr, konkret Fellatio. Es war möglich, aus einem Speichelrest eine DNA-Probe zu nehmen. Von der Heiligenstatuette, die nicht weit von ihm entfernt gefunden wurde, haben wir drei Fingerabdrücke abgenommen. Keiner von ihnen gehört dem Toten. Dafür haben wir zwei von ihnen in unserer Datenbank. Auf der Damengeldbörse waren zwei Abdrücke. Mit einem davon gibt es ebenfalls eine Übereinstimmung«, zählte er auf und sprang mit den Augen von Suda zu Sabrina und wieder zurück.

»Na, sehen Sie, endlich sind wir ein Stück weiter«, sagte Suda auf Deutsch und lächelte seiner reizenden Kollegin zu wie einer Muse, die einen großen Schritt nach vorn bewirkt hat. Sabrina reagierte nicht darauf. Fadrný tippte in die Tastatur, und auf dem Monitor erschienen drei Karten mit Fingerabdrücken, Daten und vor allem sehr vertrauten Gesichtern.

»Die Abdrücke gehören Ladislav Lakatoš, seinem Bruder Dezider und Otto Csonka.«

Suda traute seinen Augen nicht. »Die sind draußen? Die hab ich doch vor einem Jahr eingebuchtet. Jeder hat ungefähr vier Jahre gekriegt, wenn ich mich nicht irre«, sagte er kopfschüttelnd.

»Der Segen des präsidialen Amnestieerlasses«, flüsterte Fadrný.

»Das Dokument hat er mit seinem geklauten Füller unterschrieben. Der Teufel soll ihn holen«, schimpfte der Major an die Adresse des Staatsoberhaupts und hoffte unmittelbar danach, dass Sabrina kein Tschechisch verstünde.

Die Fahndung nach den Brüdern Lakatoš und nach Otto Csonka war eine Routineangelegenheit. Diese Typen änderten ihre Gepflogenheiten nicht einmal nach dem zehnten Gefängnisaufenthalt. Sabrina staunte, wo menschliche Wesen überall zu Hause sein können. Das Dorf im Grenzgebiet bestand aus sechs oder sieben halbverfallenen Hütten rund um einen Weiher, grün von Hornkraut. Ringsherum wucherte das Gras beinahe höher als die verwilderten Bäume, wenigstens kam es Sabrina so vor.

Dem weißen Škoda Octavia war auch ohne Aufschrift und Blaulicht anzusehen, dass es sich um ein Polizeiauto handelte. Kaum hatten sie angehalten, sprang aus einem der Ruinenfenster ein dunkelhäutiger Mann unbestimmten Alters.

»Dežo, bleib stehen!«, brüllte Suda, stieg aus und rannte hinter ihm her. Borůvka stürmte ins Haus, gefolgt von Sabrina. Das Getrampel im Inneren verriet, dass jemand auf den Dachboden flüchtete. Der Kapitán zog die Dienstwaffe, entsicherte sie und winkte seine deutsche Kollegin zu sich.

Der Schuss krachte genau in dem Augenblick, als Suda Dezider Lakatoš auf den Rücken sprang, ihn zu Boden warf, ihm mit geübtem Griff die Arme verdrehte und sich anschickte, ihm Handschellen anzulegen.

Im Vernehmungsraum wirkten Dezider Lakatoš und Otto Csonka wie zwei scheue Rehe.

»Was ist mit meinem Bruder? Ist er rausgekommen?«, erkundigte sich Dežo.

»Wenn du das Krankenhaus meinst: aus dem ganz gewiss. Wenn du den Schlamassel mit den erschlagenen Deutschen meinst: aus dem wohl eher nicht. Und ihr zwei kommt aus der Sache auch nicht raus!« Major Suda beugte sich über den Tisch, um seinen Worten mehr Nachdruck zu verleihen.

»Wir haben niemanden totgeschlagen, Herr Major«, verteidigte sich Csonka.

»Mein lieber Otto«, sagte Suda väterlich, »du warst schon im Kreißsaal ein Gauner. Ich glaub dir nicht einmal ein Wort, wenn du ‚dobrý den' sagst. Wieso hab ich denn das hier?« Und er breitete auf dem Tisch die sieben Fotografien der von den tödlichen Hieben entstellten Männer aus.

»Er ist gut.« Sabrina nickte anerkennend zu Michal Suda, der das Verhör mit den zwei kriminellen Roma führte, hinüber. Borůvka biss sich auf die Lippen. Er stand neben ihr und spürte ihre Wärme und ihren Geruch.

»Noch einmal danke für die Lebensrettung«, sagte er dann.

»Wenn er auf mich gezielt hätte, hätten Sie das Gleiche getan«, lächelte sie und drehte sich wieder zum Fenster des Verhörraums.

»Also gut«, gab Otto Csonka nach. »Wir haben sie totgemacht. Aber diese Heiligen könnt ihr uns nicht anhängen. Die hat der da in seinem Auto gehabt. Mit denen hätten wir das Auto nicht verkaufen können. Da haben wir sie rausgeworfen.«

»Der Geldbeutel muss meinem Bruder aus der Tasche gefallen sein«, fügte Dezider Lakatoš hinzu. »Da haben wir grad kein Geld gehabt, und da hat er in 'ne Kneipe reingeschaut oder so und hat was mitgebracht.«

»Ihr habt sie wegen der Autos getötet? Damit ihr sie verkaufen könnt? Wem?«, drängte Suda.

»Nee, so war das nicht.« Dežo schüttelte den Kopf. »Das war wegen dem Semjonov.«

»Was???«

»Die haben uns ausgelacht. Seine Jungs. Wie wir aus'm Bau rausgekommen sind, hat uns der Žourek zu sich ins Sägewerk mitgenommen. Wir haben von sechs Uhr früh an geschuftet, wirklich, Herr Major«, schilderte Csonka. »Und dem Semjonov seine Kerle haben uns ausgelacht. Dass sie nicht so ranklotzen müssen und tausendmal mehr verdienen als wir.«

»Mach's kurz. Warum hattet ihr es auf die deutschen Sextouristen abgesehen?«

»Das ist doch ganz einfach«, Dezider beugte sich zu Suda. Er hatte einen solchen Mundgeruch, dass der Major sich nach Semjonovs Parfüm sehnte. »Wenn wir ihm die kunčoft totmachen, haben die Mädchen keine Arbeit, und der Semjonov und seine Chlapi kriegen kein Geld mehr und gehen pleite. Und dann müssen sie auch richtig arbeiten.«

»Der letzte Gerechte! Robin Hood Dezider Lakatoš«, Borůvka drehte sich zur Glasscheibe und verdrehte die Augen zum Himmel. Sabrina lachte.

»Schön, dass du dich drüben so prächtig amüsiert hast«, sagte Ackermann, als sie ihm den Verlauf und das Ende ihrer Mission schilderte. »Aber hier in Deutschland haben wir wirklich richtige Arbeit: Warum hatte Brunner gestohlene Heiligenstatuen im Auto, und was bedeuten die Geldverschiebungen auf seinem Konto? Zwei neue Fälle«, grinste er und warf zwei eben angelegte Aktenordner auf den Schreibtisch.

Anmerkungen des Übersetzers

In die tschechische Umgangssprache sind im Lauf der Jahrhunderte eine Vielzahl von Germanismen eingesickert, von denen auch im Text von Markéta Čekanová einige zu finden sind. Major Suda gibt im Original nach dem Leichenfund im Wald durch: »A borci přes pasáky ať mi *sofort* najdou Alexeje Vladimiroviče Semjonova«, zum verhafteten Otto Csonka sagt er »ty jsi byl *gauner* už v porodnici«, und der Mittäter Dezider Lakatoš äußert »Když mu budou zabíjet *kunčofty, ...*«, spricht also von der *kunčoft* alias »Kundschaft«, die sie dem Zuhälter Semjonov wegnehmen wollten.

Diese sprachliche Eigenart ließ sich natürlich nicht adäquat ins Deutsche übertragen. Behelfsmäßig habe ich, um dem bikulturellen Charakter der Geschichte gerecht zu werden, an einigen wenigen Stellen, wo mir der Zusammenhang, der einzelne Begriff oder beides eindeutig genug schien, den tschechischen Ausdruck belassen. Dies betrifft Semjonovs *chlapi* (»Kerle, Burschen, Jungs«), *fajn* für »fein« und *Lázně Tölz* für »Bad Tölz«, da ich den tschechischen Namen Marienbads, *Marianské lázně*, für bekannt genug hielt, um den deutschen Leser mit *lázně* konfrontieren zu können. Nicht von ungefähr spielt Markéta Čekanová übrigens auf den »Bullen von Tölz« an – in Tschechien kennt man ihn als »Big Ben«.

In der Zigarettenkaufszene wurde der Ausruf *Cože?!* (»Was?!«) übernommen, weil im tschechischen Text explizit erwähnt wird, dass der Deutsche sich in tschechischer Sprache äußert.

Abweichend vom Original schien es mir angebracht, an der Stelle, wo Borůvka (»Heidelbeere«) den Personalausweis von Alena Sudová findet, auf den Zusammenhang zwischen der männlichen Form *Suda* und der weiblichen Form *Sudová* ein und desselben Familiennamens hinzuweisen.

Norman Dankerl
Grab ohne Leiche

Heribert Meier hatte gerade seinen Artikel über das Oberpfälzer Blasmusiktreffen abgeschickt und wäre eigentlich für heute fertig gewesen. Seine Kollegen vom *Amberger Morgen* waren schon alle im Wirtshaus, und er sollte in die *Krone* nachkommen. Irgendwie aber hatte er keine Lust aufs Schafkopfen, obwohl er wie üblich als Kanonenfutter höchst willkommen gewesen wäre. Aber auf einen Fernsehabend in seiner Dachwohnung im Dreifaltigkeitsviertel hatte er auch keinen Bock. Vielleicht würde er noch in *Uwes Weinladl* vorbeigehen, einer Vinothek mit Hinterzimmer.

Meiers PC lief noch und schaute ihn dämlich an. Automatisch holte er sich im Internet die Nachrichten des Tages auf den Schirm. Neben Nahrungsmittelskandalen und Brustvergrößerungen stieß er beiläufig auf eine Agenturmeldung mit der Überschrift »Vilsburger Rechtsanwalt an der Costa da Morte verunglückt. Von der Ehefrau fehlt jede Spur!«

Meier las die Pressemeldung mit wachsendem Interesse: In dürren Sätzen berichtete sie von einem Unfall an der Costa da Morte in Spanien, wonach ein Ehepaar aus Vilsburg in der Oberpfalz mit dem Auto über die Klippen des berüchtigten Küstenabschnittes gestürzt sei. Laut Meldung sei es dem Ehemann gelungen, in letzter Sekunde aus dem Auto zu springen. Die Frau aber sei mit dem Wagen in den Tod gestürzt. Meier zündete sich eine Zigarette an und kippte das Fenster.

Vilsburg war eine Kleinstadt im Landkreis mit einer Burgruine, einem Schützenverein, Kleintier- und Taubenzüchtern und einer rührigen Faschingsgesellschaft. Meier war hin- und hergerissen. Sollte er die Meldung übernehmen, eventuell konkretisieren, um sie noch im Blatt zu haben? Es war Freitagabend. Möglicherweise waren die Kollegen von der Konkurrenz auch darauf gestoßen, wenn nicht, dann hätte er die Geschichte exklusiv! Meier telefonierte mit dem Chef vom Dienst und sie kamen überein, die Nachricht lokal und im Mantelteil der Zeitung zu veröffentlichen.

»Radlbauer.« »Hallo, Heribert Meier vom Tagblatt. Entschuldige, dass ich dich am Feierabend störe, aber ich habe gerade die Nachricht erhalten, dass ein Rechtsanwalt aus deiner Stadt in Spanien verunglückt ist. Es heißt, dass seine Ehefrau zu Tode gekommen sei.« Radlbauer, der Bürgermeister von Vilsburg, stutzte: »Bei uns gibt's blos oan Rechtsanwalt, Roland Dornfeldt, koa Ahnung, ob der in Spanien ist.«

Radlbauer sagte Meier zu, sich bei seinem Schwager zu erkundigen, der wissen müsste, ob der Anwalt zu einer Reise aufgebrochen war. Außerdem arbeite die Tochter eines Kegelbruders in der Anwaltskanzlei.

Zwanzig Minuten später rief der Bürgermeister zurück. Meier erfuhr, dass sich das Anwaltsehepaar tatsächlich auf eine Spanienreise begeben hatte. Die beiden wollten angeblich auf dem Jakobsweg nach Santiago de Compostela wandern und anschließend einen Badeurlaub am Atlantik machen. Das Ehepaar sei vor etwa drei Jahren aus Norddeutschland nach Vilsburg gezogen. Der Mann betreibe eine Kanzlei und seine Ehefrau Gerda eine Praxis für Physiotherapie. Beide seien ins gesellschaftliche Leben der Gemeinde gut integriert. Vor Kurzem sei Dornfeldt, der vor einigen Wochen mit großem Brimborium seinen 50. Geburtstag gefeiert habe, auch Mitglied im Elferrat der Faschingsgesellschaft »Humor« geworden. Seine Frau engagiere sich im Frauenbund. »Mehr woaß i a net«, sagte Radlbauer. »Außer, dass die Zwoa koane Kinder ham, zumindast ned offiziell«, Radlbauer lachte kurz. »De Zwoa wohna in am Einfamilienheisl am Ortsrand und san recht beliebt und umgänglich.«

Meier packte die Informationen in seine Meldung. Auf der »Seite Drei« im Lokalteil tauschte er sie gegen eine Nachricht über ein Treffen der Marianischen Männercongregation aus, dann schickte er die Seite zum Druck. Anschließend fuhr er seinen PC herunter und machte sich auf den Weg zu seinem Freund Uwe. Die Geschichte aber ging ihm nicht mehr aus dem Kopf.

»Sag mal, Uwe, du bist doch ein alter Spanienfreund, kennst du die Costa da Morte?« »Na, klar, die Todesküste.« »Todesküste, und da kann man Urlaub machen?« »Du, das ist eine tolle Gegend zwischen Malpica und dem Kap Finisterre im Nordwesten Spaniens, falls dir das was sagt.« »Eigentlich nicht, ich war nur mal in Portugal, ansonsten die ganzen Jahre über in Griechenland«, warf Meier ein.

Uwe stellte Meier einen Schoppen Müller-Thurgau auf den Tisch im Hinterzimmer seiner Weinhandlung. Offiziell hatte der Laden für heute schon geschlossen. Das Séparée war nur für besonders gute Kunden und Freunde gedacht. Auch der eine oder andere Stadtrat ließ sich blicken, und so war der Treff für Meier nebenbei eine gute Informationsquelle, vor allem, wenn die Gäste bereits einen in der Krone hatten.

»Die Todesküste hat ihren Namen, weil hier schon etliche Seefahrer und Fischer wegen der Stürme und gefährlichen Strömungen verunglückt sind. Für Touristen ist die Gegend aber auch nicht gefährlicher als anderswo, falls sie nicht unbedingt mit einem Gummiboot in See stechen. Wieso fragst du eigentlich?« Uwe setzte sich zu Meier. Die beiden waren alleine und der Lokaljournalist erzählte ihm von der Meldung und dem Tod der Frau Dornfeldt. »Es gibt auch einen Wein, der so ähnlich heißt«, bemerkte Uwe trocken. Meier überlegte kurz, ging aber auf den Scherz nicht ein und fragte: »Und da geht der Jakobsweg vorbei?« »Zum Kap Finisterre führt der Camino a Fisterra, das ist eine von Santiago de Compostela kommende Straße«, erklärte der Wirt. »Vor der Küste hatte sich vor einigen Jahren ein Tankerunglück ereignet. Ich glaub', das war 2002, vielleicht kannst du dich noch daran erinnern, der Kahn hieß *Prestige*, glaub' ich.«

Meier dachte kurz nach, nickte und sagte dann: »Es heißt, die beiden wollten auf dem Jakobsweg nach Santiago wandern, aber anscheinend waren sie mit dem Auto zum Heiligen Jakob unterwegs und stürzten bei einem Unfall ins Meer. Wie genau das abgelaufen ist, weiß ich auch noch nicht, aber offensichtlich hat sich der Mann retten können, während von der Frau bislang jede Spur fehlt.«

Es klopfte an der Tür und Uwe ließ den Landtagsabgeordneten Deininger herein, der vom Regieren aus München gekommen war, die neuesten Nachrichten aus der Landespolitik verbreitete und über die Opposition schimpfte. Die Spanienstory war damit passé. Aus gegebenem Anlass bestellte sich Meier noch einen Rioja. Er ließ sich mit einem Taxi nach Hause bringen und flackte sich auf die Couch. Auf seinem Laptop loggte er sich bei Spotify Music ein und hörte einige Hits. Bei *Stairway to Heaven* übermannte ihn der Schlaf.

Am Samstag erwachte Meier gegen Mittag auf der Couch. Nach Espresso und Toast und einem Blick in die Zeitung machte er sich auf den Weg in die Innenstadt, um sein Auto zu holen. Zuvor hatte er noch aus dem Briefkasten eines Nachbarn den *Amberger Morgen* herausgefischt, um beruhigt festzustellen, dass er die Meldung über den Unfall exklusiv hatte. Er beschloss, obwohl er keinen Sonntagsdienst hatte, der Lokalchefin Bescheid zu geben und sicherheitshalber bei der Polizei anzurufen und zu fragen, ob sie neue Details wüssten. Dann steckte er das Blatt brav zurück in den Briefkasten.

Er sei im Garten beim Rasenmähen, ob es wichtig sei, fragte die Ehefrau des Kripo-Mannes am anderen Ende der Leitung. »Es pressiert nicht, aber vielleicht kann er mich zurückrufen«, sagte Meier und hinterließ seine Handynummer. Eine gute halbe Stunde später rief der Pressesprecher der Polizeidirektion an. »Rieber, servus, was gibt's, Herr Reporter?« Meier, der per Du mit dem Polizisten war, fragte, ob er die Zeitung gelesen habe und mehr wisse über die Vorgänge an der Costa da Morte. Rieber kannte die Meldung, wusste aber auch nicht mehr, als in der Zeitung stand, und wollte sich am Montag schlau machen. Meier informierte seine Chefin, kaufte sich eine überregionale Zeitung und steuerte dann sein Stamm-Café am Marktplatz an.

Am Montag trudelte Meier kurz nach neun Uhr in der Redaktion ein. Eine Fünfer-Runde, drei Männer, zwei Frauen, hatte sich schon, bestückt mit Zeitungen, Kaffeetassen und Butterbrezen, im Konferenzzimmer um die Lokalchefin versammelt. Hinter Meier kamen schnaufend der Senior der Mannschaft und zuletzt der Sportredakteur an. Zunächst wurde die eigene Ausgabe gelobt und die Konkurrenz zerstückelt, dann das Tagespensum besprochen. Meier sollte sich um den Unfall in Spanien kümmern.

Rieber hatte noch keine Bestätigung und meinte, dass es doch einige Zeit dauern würde, bis er über den Dienstweg mehr erfahre. Aber vielleicht könne ja Meier recherchieren. Auch Radlbauer wusste nicht mehr als am Freitagabend. Meier überlegte kurz und stöberte per Suchmaschine im Internet nach dem Begriff »Costa da Morte«. Die Infos deckten sich mit Uwes Informationen, dass sich an diesem Küstenabschnitt, der »Costa de la Muerte«, wie sie im Spanischen hieß, bereits zahlreiche Havarien ereignet hätten und die Bedingungen für die Seefahrt ziemlich schwierig seien. Die Region sei der am weitesten westlich gelegene Küstenabschnitt Spaniens. Der Küstenlinie mit zahlreichen Buchten seien kleine Inseln vorgelagert. Der »Camino a fisterra«, der in die Region führe, sei eine von Santiago de Compostela kommende Fortsetzung des Jakobsweges. »Fisterra«, der galicische Name des Kaps, leite sich vom lateinischen »finis terrae« ab, was »Ende der Welt« bedeute. »Nun, ja«, dachte sich Meier, »nomen est omen«.

Meier machte sich Notizen und ließ sich dann über die Auslandsauskunft die Telefonnummer der deutschen Botschaft in Madrid geben. Nach zwei Verbindungen hatte er den Pressesprecher des Botschafters an der Strippe, einen überaus freundlichen Menschen mit sonorer Stimme.

»Soweit ich informiert bin, haben Rettungskräfte das Autowrack geborgen. Es war wohl kurz vor dem Meer an den Klippen hängen geblieben. Von der Frau, die das Auto angeblich gesteuert hat, fehlt jede Spur.« Wie der Pressesprecher weiter berichtete, habe Roland Dornfeldt Kontakt zur Botschaft aufgenommen. Demnach habe sich das Ehepaar am Flughafen in Madrid einen Leihwagen genommen und sei nach Corcubión und anschließend entlang der Küste zum Leuchtturm am Kap gefahren. Kurz davor sei der Wagen aus ungeklärter Ursache von der Straße abgekommen und in die Tiefe gestürzt. Die regionale Feuerwehr habe den Wagen zwar geborgen, aber außer einem Halstuch und einer Handtasche mit Pass und persönlichen Gegenständen der Frau sei nichts gefunden worden. Da die Strömungen in diesem Küstenabschnitt sehr stark seien und es außerdem Haie gebe, sei nicht damit zu rechnen, dass die Frau noch lebend gefunden werde. So viel noch: Am Mittwoch wolle der Mann nach eigenen Aussagen nach Deutschland zurückfliegen.

Meier informierte seine Chefin über seine Recherchen und man beschloss zu warten, bis der Anwalt wieder zu Hause sei. Mit seinen Informationen schrieb Meier einen dreispaltigen Artikel und stellte eine Meldung online. Im Agenturarchiv hatte er ein Foto von der Costa da Morte gefunden. Sah wild und gefährlich aus.

»Na, i bin blos d' Putzfrau«, sagte die Dame am Telefon, »da Herr Rechtsanwalt is aaf da Gmoi.« – »Aha, auf der Gemeinde«, wiederholte Meier, »sangs ihm doch, dass er mich in da Redaktion ...«, »Wou?«, »in da Zeidung zruckroufn soll«, bat Meier die Frau am Telefon in seinem besten Oberpfälzisch. Er wartete noch, bis sie sich einen Stift und ein »Bladl Papier« besorgt hatte, und gab ihr dann seine Nummer durch. Meier wollte von Dornfeldt persönlich eine Schilderung des Unfalls, Fotos von ihm, seiner Frau und wenn möglich von dem Küstenabschnitt beim Leuchtturm, an dem der Unfall passiert war.

Am Nachmittag rief Dornfeldt an und entschuldigte sich, dass er erst jetzt anrufe, aber er habe so viel um die Ohren und müsse die Beerdigung organisieren. Meier stutzte. Beerdigung? »Wurde Ihre Frau gefunden?«

»Nein, das ist wohl ausgeschlossen!« Dornfeldt erzählte Meier von den Klippen, den Strömungen und den Haifischen und schilderte den Unfallhergang detailliert. Demnach sei seine Frau am Steuer gesessen und von einem entgegenkommenden Pkw abgedrängt worden. Die Frau habe die Kontrolle über den Wagen verloren, der daraufhin über die Böschung gestürzt sei. Während der Wagen an einer Klippe hängen geblieben sei, sei die Frau herausgeschleudert worden und in die Tiefe gestürzt. Er selbst habe noch rechtzeitig aus dem Wagen springen können, aber nichts mehr für seine Frau tun können. Beide seien nicht angeschnallt gewesen, ergänzte Dornfeldt und sagte zu, Fotos von seiner Frau und dem Unfallort zu mailen. Er wolle aber, bitte, von sich selbst kein Foto in der Zeitung haben.

Meier ließ sich die Schilderungen des Anwalts durch den Kopf gehen, wusste jedoch nicht, was er davon halten sollte. Eine Beerdigung ohne Leiche? Wie sollte das gehen? Er griff wieder zum Telefon. Ortspfarrer, Dekan

Hubert Stephan, bestätigte Meier, dass Roland Dornfeldt für Donnerstag kommender Woche einen Trauergottesdienst mit anschließender Trauerfeier am Friedhof geordert habe. Beim Steinmetz im Ort sei ein komplettes Grab mit Grabstein und Umrandung bestellt worden. Meier kam aus dem Wundern nicht mehr heraus, was ein Anruf bei der Polizei noch verstärken sollte.

»Du hast schon richtig gehört, eine halbe Million«, sagte Rieber, die Versicherung hat bei mir angerufen und wollte wissen, ob die Leiche gefunden worden sei.« Dornfeldt habe nämlich bei der Versicherung den Tod seiner Frau gemeldet, um sich die Lebensversicherung auszahlen zu lassen. »Da hauts dir ja den Vogel raus«, krähte Meier ins Telefon und ärgerte sich, dass er die Information nicht verwenden durfte. »Nur als Hintergrundinformation«, wie Rieber sagte. Der Polizist wusste, dass er sich da auf den Journalisten verlassen konnte.

Meier beschloss, am Samstag nach Vilsburg zu fahren, um zu sehen, ob er nicht doch noch verwertbare Neuigkeiten erfahre. Er war ein alter Hase im Zeitungsgeschäft und wusste, dass der beste Ort für Infos das Wirtshaus, respektive der Stammtisch ist.

Am Samstagabend gab Meier im *Roten Ochsen* eine Runde aus und hatte damit die Sympathien auf seiner Seite. »Wennst mi fragst, dann hat der sei Alte vorammt«, sagte ein rotgesichtiger Mittfünfziger namens Sepp. Im Ort hatte sich herumgesprochen – der lokale Versicherungsagent saß mit am Stammtisch, wollte aber nie was gesagt haben –, dass Dornfeldt seine Frau hoch versichert habe, und zwar erst vor Kurzem. Es werde aber sicher etwas dauern, bis sie für tot erklärt werden könne, sofern man sie nicht vorher finde, erklärte der

Versicherungsmann fachkundig. Jetzt gab auch Bauunternehmer Roiderer eine Runde aus und der Diskurs wurde immer lebhafter. Der Advokat sei doch verschuldet bis über beide Ohren, erklärte der Schorsch, ein pensionierter Hauptfeldwebel, der das aus sicherer Quelle wissen wollte, aber nicht sagen dürfe, von wem. »Dees woaßt du doch vo deim Kuseng, dem sei Bou is doch bei da Sporkass'«, warf Baggerfahrer Erwin ein und bestellte sich noch eine Halbe. Einer, der sich als »i bin da Karre« vorgestellt hatte, meinte, dass er das dem Mann nicht zutrauen würde, dass der sei Alte »vorammt« hätt', weil der Dornfeldt doch immer so sympathisch sei. »Am Dunnerstog is Beerdigung, das Grab is scho fertig«, sagte Baggerfahrer Erwin. Meier hörte mit wachsender Begeisterung zu. »Halt 'ses Maul«, zischte der Sepp und deutete mit dem Kopf zur Tür, durch die Dornfeldt gerade die Gastwirtschaft betreten hatte. Schnurstracks ging der Anwalt zum Stammtisch und setzte sich dazu. Die Runde schaute betreten. Meier stellte sich vor und sprach ihm sein Beileid aus. Nach und nach streckten ihm auch die anderen die Hände entgegen.

Dornfeldt war eine stattliche Erscheinung mit welligem, leicht ergrautem Haar und einem Kinnbart. Er trug ein braun kariertes Sakko und eine passende einfarbige Hose. Zum weißen Hemd hatte er eine schwarze Krawatte umgebunden. Dornfeldt bestellte sich ein Viertel Rotwein und begann dann, seine Geschichte zu erzählen.

Die Stammtischler schienen betroffen, oder taten zumindest so. Im Laufe des Abends erfuhr Meier noch einige Details, etwa, dass das Paar in einer Bodega an der Küste Rast gemacht hatte, um dann zum Leuchtturm am

Kap aufzubrechen. Dornfeldt machte auf Meier einen gefassten Eindruck, obwohl er sich ab und zu über die Augen wischte. Bereitwillig schilderte er dem Journalisten seinen beruflichen Werdegang, erzählte, dass er mit seiner Frau vor einigen Jahren von der Ostsee gekommen sei, zunächst in München in einer Rechtsanwaltskanzlei gearbeitet und sich dann in Vilsburg selbständig gemacht habe. Das Einzige, was Dornfeldt über seine Ehefrau erzählte, war, dass sie Diabetes gehabt habe und sich täglich Insulin habe spritzen müssen. Nach dem Urlaub habe er ihr einen Hund kaufen wollen, damit sie mehr Bewegung haben würde. Jetzt schien den Mann doch die Fassung zu verlassen und er schwieg einige Zeit. Die übrigen Stammtischler waren mittlerweile bei der Politik angekommen und vertraten die Meinung, dass die Sozis und die Grünen das Land kaputt machten und Europa sowieso der Totengräber Deutschlands sei. »Dees mit dem Euro woar da gräißte Schmarrn, dens gmacht ham. Seitdem ies alles doppelt so deia«, schimpfte der Sepp. »Und mir mäißn die andern mit durchfüttern«, ergänzte der Karre. Als Meier den *Roten Ochsen* verließ, klangen ihm noch die Ohren. Mit einem mulmigen Gefühl im Bauch startete er sein Auto Richtung Heimat. Hatte er jetzt drei oder vier Halbe? Wenn ihn nun bloß keine Polizei aufhalte.

Der Sonntagsdienst in der Redaktion war ohne besondere Ereignisse über die Bühne gegangen. Dornfeldt hatte Meier per E-Mail ein Foto von seiner Frau und eine Ansicht von der Costa da Morte geschickt. Es zeigte eine kurvige Küstenstraße, an die sich links eine etwa zwanzig Meter tiefe Böschung anschloss, hinter der die Küste dann steil abfiel. Der Wagen sei erst rechts an die

Felswand geprallt, nach links über die Böschung gefahren und über die Klippe gestürzt. Wenige Meter vor der Brandung sei das Auto auf einem Felsen zerschellt, hatte Dornfeldt darunter geschrieben.

Die nächsten Tage brachten keine Neuigkeiten. Am Montagabend war Meier bei der Stadtratssitzung und schrieb am Dienstag den Bericht. In Sachen Unfall gab es nichts Neues. Nach Redaktionsschluss überlegte er, ob er sich etwas zu essen machen sollte, vielleicht Currywurst? Da aber die Metzgereien schon zu hatten, steuerte er das *Ristorante Bella Roma* an und ließ sich von seinem Freund Vito Bresaola della Valtelina, luftgetrocknetes Rinderfilet, Veltiner Art, empfehlen, eine der Spezialitäten aus der Küche des Italieners. »Meine Mamma heute mache das auf eine Antipasto mit de verschiedene Salami, Zitrone und Olio, musse probiere.« Meier ließ sich nicht zweimal bitten und Vito rief die Bestellung in die Küche, wo Mamma Gina und Vitos Geschwister am Herd standen. Als die Vorspeise am Tisch stand, streute Vito mit einer überdimensionalen Gewürzmühle Pfeffer drüber und wünschte »buon appetito«. Anschließend verspeiste Meier auf Vitos Empfehlung Ossobuco Mailänder Art an einem Risotto alla milanese. Auf die Torta di Nocciole, Haselnusskuchen, als Nachtisch verzichtete er und nahm dafür einen Espresso mit Grappa und noch ein Viertel Wein. Der Trebbiano war wie üblich vortrefflich. Zu Hause schlief Meier vor dem Fernseher ein und wankte nach Mitternacht ins Bett.

Als Meier am Mittwochmorgen die Zeitung, wie üblich von hinten, aufschlug, glaubte er seinen Augen nicht trauen zu dürfen. Die Todesanzeige erstreckte sich über die Breite der Seite und war gut 250 Millimeter hoch.

Meier las: »Unfassbar für mich und alle, die sie kannten, ist meine geliebte Ehefrau Gerda Brigitte Dornfeldt durch einen tragischen Unfall viel zu früh aus dem Leben geschieden.« Darunter: »Dr. Roland Dornfeldt im Namen aller Verwandten und Freunde. Trauergottesdienst in der Pfarrkirche am Donnerstag um 14 Uhr, anschließend Trauerfeier am Friedhof. Von Beileidsbezeugungen am Grab bitte ich Abstand zu nehmen.« In der rechten oberen Ecke stand noch der Spruch: »Der Glaube tröstet, wo die Liebe weint!« Meier legte die Todesanzeige seiner Chefin auf den Schreibtisch. »Da müssen wir hin«, sagte sie, »nimm einen Fotoapparat mit!«

Am Donnerstag war Meier schon gegen Mittag in Vilsburg und ging zum Friedhof. Vor dem Grabstein mit der Gravur »Zum Gedenken an Gerda Brigitte Dornfeldt«, Geburtsdatum und Sterbetag darunter, lief ihm ein Schauer über den Rücken. Ein Grab ohne Leiche. Der Journalist fotografierte das Grab mehrmals.

Da er noch Zeit hatte, stieg Meier zur Burgruine hinauf, von wo man einen guten Blick über die ganze Gegend hatte. Die Pfarrkirche und der Friedhof lagen zu Füßen des Burgberges, und Meier beschloss von hier aus mit dem Teleobjektiv die Fotos von der Beerdigung, oder was immer das auch sein sollte, zu schießen. Das war ihm lieber, als unten am Friedhof zu fotografieren.

Die Glocken von St. Georg läuteten das Ende des Trauergottesdienstes ein, und kurz darauf bewegte sich ein Trauerzug vorbei am Leichenhaus zum Grab. Meier schätzte, dass es etwa 150 Menschen waren, die dem Pfarrer und den Ministranten folgten. Anders als bei üblichen Beerdigungen wurde dem Zug kein Sarg vorangeschoben. Von seiner Warte aus sah Meier, dass der

Rechtsanwalt wohl eine Trauerrede hielt, konnte aber nicht hören, was er sagte. Jetzt bereute er, dass er sich nicht unter der Trauergemeinde befand und beschloss, noch einmal mit Dornfeldt zu sprechen. Der hatte sich ja bisher sehr kooperativ gezeigt. Als sich die Trauerfeier auflöste und die meisten Männer in den Wirtshäusern verschwanden, verließ auch Meier seinen Beobachtungsposten und nahm wieder den Treppenweg in den Ort.

Meier verpasste Dornfeldt, ging zu seinem Auto und fragte sich zum Haus des Anwalts durch. Der Journalist hatte seinen Wagen gerade gegenüber dem Anwesen geparkt, als sich das Garagentor öffnete und Dornfeldt in seinem Jaguar herausfuhr. Der Fahrer bemerkte den Journalisten nicht und fuhr stadtauswärts. Meier folgte ihm automatisch.

Die Sonne stand tief und der Journalist kramte seine Wayfarer aus der Konsole. Als er sie aufgesetzt hatte, fühlte er sich wie Commissario Brunetti. Irgendwie cool!

In sicherem Abstand folgte Meier dem Jaguar, der nach dem Ortsende in eine Kreisstraße abbog. Wegen der kurvigen Straße war sich Meier sicher, dass Dornfeldt ihn nicht bemerken würde. Warum er ihm aber folgte, das konnte sich Meier selbst nicht erklären. Jagdinstinkt? Oder schaute er zu viele Krimis im Fernsehen an? Nach einer lang gezogenen Kurve, die durch ein Waldstück führte, war Dornfeldts Wagen verschwunden. »Der kann sich doch nicht in Luft aufgelöst haben«, brummte Meier in seinen Dreitagebart. Zwei, drei Kilometer fuhr der Journalist noch die Straße weiter und kehrte dann an einer Kreuzung wieder um. »War wohl nix mit Jagdinstinkt.«

Auf dem Rückweg kam Meier wieder durch das Waldstück, und da fiel ihm das kleine Schild auf: Ein stilisierter

Wohnwagen und darunter der Hinweis »Campingplatz«. Meier bog ab und stand schließlich vor einer Schranke mit einem Wärterhäuschen. Er stellte sein Auto auf dem Parkplatz davor ab und überlegte sich, ob er den Platzwart nach dem Jaguar fragen sollte. Von seiner Position aus konnte er nur sauber aufgereihte Wohnwagen erkennen. Ohne sich anzumelden, schlich sich Meier am Wärterhäuschen vorbei. Niemand behelligte ihn.

Die Wohnwagen schienen zum Großteil unbewohnt zu sein, nur da und dort schimmerte ein Lichtschein durch die Gardinen. Wahrscheinlich waren es vorwiegend Dauercamper, die hier ihre Wochenenden, die Freizeit oder den Ruhestand verbrachten. Was das wohl für Leute sind, die in der Pampa, hinter Jägerzäunen, penibel rasierten Stellplätzen und gepflegten Geranien residieren, dachte sich Meier, als er stutzte: Am Waldrand, am Ende des Platzes, vor einem Wohnmobil sah Meier Dornfeldts Jaguar stehen. Langsam ging er darauf zu. Im Wohnmobil brannte Licht. Die Vorhänge im Wagen waren zugezogen, aber durch einen Spalt im Heckfenster konnte er ins Innere spähen. »Verdammt«, rutschte es aus ihm heraus. Es gab keinen Zweifel. Auf dem Bett lag Gerda Dornfeldt. Sie rührte sich nicht. Vor ihr stand ihr Mann und war gerade dabei, aus einer Ampulle eine Spritze aufzuziehen. Meier überlegte nicht lange, versteckte sich hinter einem Baum, rief mit seinem Handy Rieber an und schilderte ihm seine Beobachtung und wo er ihn finden würde. Der Polizist riet Meier, nichts zu unternehmen. Er würde den Kollegen und dem Notarzt Bescheid sagen und sich auf den Weg machen. »Ich lasse mein Handy an, lass du deins auch an, dann kannst du mithören, was passiert«, sagte Meier, wartete aber die

Antwort Riebers nicht ab, sondern ging zum Wohnwagen zurück. Er musste etwas unternehmen, sonst würde die Frau wirklich sterben.

Durch das Fenster sah Meier nun, dass sich Dornfeldt daran machte, der leblosen Frau eine Spritze zu setzten. Er zögerte keinen Augenblick, lief zur Türe des Wohnmobils und drückte den Hebel. Versperrt! Meier trommelte mit den Fäusten dagegen und schrie: »Dornfeldt, hörn Sie auf, die Polizei ist unterwegs!« Aus Meiers Handy quäkte Riebers Stimme, doch der Journalist kümmerte sich nicht darum und lief zur Beifahrertüre des Wohnmobils. Sie war offen.

Kurz darauf stand Meier im Wohnraum des Mobils und blickte, keine zwei Meter von Dornfeldt entfernt, in die Mündung einer Makarow. »Sie hätten sich da raushalten sollen«, sagte der Anwalt. »Los, umdrehen und auf den Boden!« Meier hatte keinen Zweifel, dass der Anwalt schießen würde, und sank langsam auf die Knie. »Was haben Sie Ihrer Frau gespritzt?« – »Das wirst du gleich selbst merken«. Dornfeldt fesselte Meier mit dem Gürtel eines Bademantels die Hände auf den Rücken. »Insulin, mein Lieber, ein körpereigener Stoff, der nach wenigen Stunden nicht mehr nachzuweisen ist. Wenn sie dich irgendwo finden, dann bist du aus unerklärlichen Gründen gestorben. Meine Alte ist sowieso schon tot, gestorben in Spanien.« Dornfeldt lachte hämisch. »Die sucht sowieso keiner mehr, jetzt dämmert sie gerade ihrem endgültigen Ende entgegen.« Dann rammte Dornfeldt dem Journalisten eine Spritze durch die Hose in den Oberschenkel. »Bei Bedarf kriegst du noch eine Ladung.«

»Hören Sie, Sie haben keine Chance, die Polizei weiß Bescheid. Sie machen alles nur schlimmer. Bis jetzt sind

Sie noch kein Mörder ...« Meier begann zu schwitzen. Er hatte noch versucht, die Fesseln zu lösen, wobei ihn Dornfeldt mit zynischem Gesichtsausdruck beobachtete. Minute um Minute verging. »Hoffentlich hat Rieber mitgehört«, ging es ihm durch den Kopf. Meier begann zu zittern und es wurde ihm schummrig vor den Augen. Er wankte und kippte auf die Seite. Schon fast im Nirwana angekommen, hörte er noch die Stimme Riebers: »Lassen Sie die Waffe fallen, Dornfeldt, Sie sind ...«, dann wurde es Nacht um den Lokalredakteur.

Das Erste, was Meier sah, als er aus der Ohnmacht erwachte, war das Gesicht von Schwester Gabi. »Aufwachen, Herr Meier, die Augen auflassen.« Meier schaute betreten. Er war noch immer nicht wieder ganz da und fühlte sich wie im Londoner Nebel. Von seiner rechten Hand ging ein Schlauch zu einer Infusion, die an einem Ständer neben ihm hing. »Leb' ich noch?« »Wieder, Herr Meier, wieder. Wir haben Sie mit Glucose vollgepumpt und zurückgeholt auf diese Welt«, sagte die Krankenschwester, »der Herr Professor wird Ihnen das alles genauer erklären.« Chefarzt Professor Dr. Karczmarczyk, der ebenfalls mit am Bett auf der Intensivstation des Klinikums stand, erzählte Meier, dass er und Gerda Dornfeldt gestern mit dem Rettungshubschrauber ins Krankenhaus gebracht worden seien. »Wie geht es der Frau?«, fragte Meier. »Den Umständen entsprechend, sie ist okay.« – »Und ihr Mann?« – »Der sitzt in U-Haft.«

Die Einzelheiten des Polizeieinsatzes erfuhr Meier von Rieber, der ihn am nächsten Tag auf der Krankenstation besuchte und ihm zunächst unmissverständlich klarmachte, dass sein Vorgehen ziemlich leichtsinnig gewesen sei, aber letzten Endes der Frau das Leben gerettet habe. Beim Verhör habe Dornfeldt zugegeben, dass sie den fingierten Unfall gemeinsam geplant hatten. Beide seien mit gefälschten Pässen in dem Wohnmobil nach Deutschland zurückgefahren. Dornfeldt habe das offenbar von langer Hand vorbereitet und seine Frau mehr oder weniger gezwungen mitzumachen, berichtete Rieber. Dornfeldt habe auch von vornherein geplant, die Frau zu töten, um sich mit der Versicherungssumme im Ausland eine neue Existenz aufzubauen. Im Wohnmobil habe er die Frau zunächst mit K.-o.-Tropfen betäubt, um sie dann mit einer Überdosis Insulin endgültig aus dem Weg zu räumen. Er sei der Meinung gewesen, dass niemand mehr nach ihr suchen würde, da sie ja offiziell schon gestorben sei. Motive für die Tat seien Schulden und der Hang zum Luxus gewesen. In Marbella habe sich Dornfeldt offensichtlich schon nach einem Wohnsitz umgeschaut. Die Anklage laufe unter anderem auf versuchten Mord und Körperverletzung hinaus. Gerda Dornfeldt werde sich wohl wegen versuchten Versicherungsbetruges verantworten müssen. Rieber meinte, dass die Frau mit einer Bewährungsstrafe davon kommen könnte. »Warum hat die da mitgemacht?«, murmelte Meier. Rieber zuckte die Schultern. Nach einer Pause richtete er Meier noch »die besten Wünsche« des Polizeidirektors aus und verabschiedete sich. Er müsse heim und seine Hecke schneiden.

Den Samstag über kam Besuch. Alte Freunde, die Kollegen aus der Redaktion mit CDs, Büchern, Traubensäften und Blumen. Uwe mit einer Flasche Rioja. Meiers Schwester mit einem Kuchen. Nichten, Neffen, Cousinen und Cousins mit Zeitschriften, einem Kaktus,

Topfpflanzen und anderen mehr oder weniger nützlichen Geschenken. Er wusste gar nicht, dass er so viel Verwandte hatte und kam sich zwischen all den Geschenken vor wie aufgebahrt. Am Abend war Meier heiser und ziemlich geschafft. Professor Karczmarczyk hatte zugesagt, ihn morgen nach Hause zu entlassen, und Meier freute sich schon auf einen gemütlichen Fernsehabend in seiner Dachwohnung. Er schaute zum Klinikfenster hinaus. Die Sonne stand tief. Meier setzte die Wayfarer auf und kam sich dabei irgendwie cool vor.

Horst Eckert
Drei Taschen für Mama

Kreuz Düsseldorf-Süd, noch gut fünfhundert Kilometer bis zu seinem Heimatkaff in Bayerisch-Sibirien.

Tobias Dollinger tastete mit der rechten Hand nach der halbvollen Sporttasche auf dem Beifahrersitz. Sein Herz klopfte. Er stellte sich den Krach vor, mit dem der Schwindel auffliegen würde, wenn er die Hundertachtzigtausend nicht bis zum Jahreswechsel wieder auf die Konten fließen lassen könnte, von denen er sie abgezweigt hatte.

Tobias bog auf die A59, dichter Reiseverkehr auch hier. Die meisten Leute waren unterwegs in den Winterurlaub. Ich bin kein Verbrecher, sagte sich Tobias. Ein Zocker, das schon. Und das Risiko im schlimmsten Fall? Die Bank würde ihn vermutlich nicht anzeigen, um keinen Skandal zu riskieren. Aber man würde ihn feuern und dafür sorgen, dass er in dem Beruf, den er gelernt hatte, nie wieder einen Fuß auf den Boden bekäme.

Doch seine Chancen standen wesentlich besser als die seiner Mutter, falls er ihr nicht auf unkonventionelle Art helfen würde.

Die Autos wirbelten Dreckwasser hoch und die Scheibenwischer verschmierten es. Tobias drückte wieder und wieder den Hebel, doch die Düsen der Scheibenwischanlage waren offenbar zugefroren. Nur im Rückspiegel hatte er gute Sicht.

Als Tobias ein Martinshorn vernahm und auf der Standspur von hinten ein Blaulicht heranraste, glaubte er für einen Moment, es gelte ihm.

Endlich eine Raststätte. Tobias stellte seinen Astra hinter der Tankstelle ab und betrat den Shop. Doch Frostschutzmittel war ausverkauft.

Vor den Toiletten standen die Leute im schneidenden Wind Schlange. Ein Angestellter gab dort heißes Wasser aus. Bibbernde Autofahrer griffen nach dampfenden Eimern und schütteten den Inhalt über die Düsen ihrer Scheibenwaschanlagen.

Tobias stellte sich ebenfalls an.

»Da schau her, der Mike«, sagte der Berater am anderen Ende der Leitung. »Woher der plötzliche Sinneswandel?«

Michael Dollinger blickte aus dem Fenster. Alles war weiß, ein wunderschöner Dezembertag. Rechts das Tal mit den zugefrorenen Fischweihern. Gegenüber das Wäldchen, in dem er als Kind gespielt hatte, wenn kein Training gewesen war. Im Garten des Elternhauses hatte er seinen eigenen Bungalow gebaut. Im Unterschied zu seinem älteren Bruder zog es ihn nicht weg.

»Ganz einfach«, antwortete Michael. »Ich brauch das Geld.«

»Das hättest du dir eher überlegen müssen.«

»Wieso?«

»Der Deal ist längst gelaufen.«

Michael überlegte, wen Riedmüller an seiner Stelle bestochen hatte. Vielleicht wollte Riedmüller aber auch nur den Preis drücken.

Draußen ging Michaels Mutter den Gehsteig entlang. Wo der Wind den frischen Schnee aufgetürmt hatte, sank sie tief ein. Den Mantelkragen hochgeschlagen, den dunklen Schal mehrfach um den Hals geschlungen, die Fäuste in den Taschen vergraben. Sie hat nur noch mich, überlegte Michael. Vater war gegen einen Baum gerast, Tobias lebte am anderen Ende der Republik.

»Bist du noch dran?«, fragte sein Berater.

»Um das Spiel verlässlich zu schieben, brauchst du ...«

»Spinnst du, Mike? Doch nicht am Telefon!«

»Einer genügt jedenfalls nicht. Willst du es richtig machen oder nicht?«

»Erst machst du einen auf empörte Jungfrau, dann drängst du dich auf, als hinge sonst was davon ab. Wie kommt's?«

Die Mutter verschwand aus dem Blickfeld. Seltsam, dachte Michael. Warum nimmt sie nicht ihren Mercedes?

Riedmüller fragte zurück: »Wo steckst du gerade?«

»Zu Hause.«

»Okay, ich ruf dich in zehn Minuten zurück.«

Barbara Dollinger erreichte den Friedhof. Der kalte Wind ließ ihre Wangen brennen. Am Grab ihrer einstigen Klassenkameradin blieb sie stehen. Ingrid, Flüchtlingskind und evangelisch. Sie waren gemeinsam nach Weiden aufs Gymnasium gegangen, beste Freundinnen, bis sie sich gegenseitig ihre Freunde ausgespannt hatten. Ein großes Drama, vierzig Jahre war das her.

Zwei Reihen weiter ging gerade eine Beisetzung zu Ende. Jutta, Ingrids Schwester, ebenfalls Darmkrebs, es schien in der Familie zu liegen. Barbara stellte sich den Aufwand des Totengräbers vor. War sicher nicht leicht, im gefrorenen Boden eine Grube auszuheben.

Aus sicherer Distanz beobachtete sie Alfred, Juttas Schwager und Ingrids Mann. Er wirkte relativ gefasst. Immer noch ein attraktiver, nun älterer Herr, fand

Barbara. All die Jahre hatte sie in dem Bewusstsein gelebt, dass Ingrid das bessere Los gezogen hatte.

Alfred verließ die Grabstelle seiner Schwägerin als Letzter. Barbara passte ihn ab. Er blickte sie mit großen Augen an – nicht die Spur eines Lächelns.

Jenseits der Straße ratterte mit hoher Geschwindigkeit ein Zug vorbei, schier endlos lang. Ein Armeetransport, bestimmt für die US-Garnison im nahen Grafenwöhr. Auch im Advent probte man dort für den Krieg in Afghanistan – und weil die Amerikaner immer einen Grund für Kriegseinsätze fanden, planten sie eine Vergrößerung der Garnison um weitere Truppen.

Barbara versuchte ein Lächeln. »Ich muss in letzter Zeit oft daran denken, dass alles auch ganz anders hätte laufen können.«

»Was willst du von mir?«

»Deine Hilfe.«

Alfred zögerte. »Selbst wenn ich so viel Geld hätte ...«

Sie legte die Hand auf seinen Arm. »Hör mir doch erst einmal zu.«

Tobias schüttete das heiße Wasser über die Scheibenwaschanlage, trug den leeren Eimer zum Toilettenhäuschen zurück und bedankte sich. Dabei fiel ihm ein, dass er den Astra nicht abgeschlossen hatte. Einhundertachtzigtausend Euro ohne Aufsicht.

Er stürzte los, glitt im Matsch aus, rappelte sich hoch und humpelte mit schmerzendem Knie und verschmutzter Hose zum Wagen. Er riss die Tür auf und ließ seine Hand in die Adidas-Tasche gleiten.

Erleichtert fühlte er die Geldbündel.

Keuchend nahm Tobias hinter dem Lenkrad Platz. Er

sollte abnehmen, mindestens fünfzehn Kilo. Das nahm er sich seit Jahren vor, jedes Mal, wenn er zu Weihnachten seinen Bruder traf, den Leistungssportler.

Unsere Mutter wird Augen machen, dachte Tobias. Die Sorgen um *Dollinger-Bau* hatten ein Ende. Von wegen kleine Klitsche, die nicht mithalten konnte. Tobias war sich sicher, die Summe umgehend zurückzuerhalten, die er investieren würde. Inklusive der Zinsen, Gebühren und Dividenden, die Anfang Januar ebenfalls auf den Konten der Bank liegen mussten.

Mit gesäuberter Scheibe setzte Tobias die Fahrt fort. Als er eine Lastwagenkolonne überholt hatte, bemerkte er, dass die Aktion nicht viel genutzt hatte. Der Sprüher war noch immer zugefroren, und der Dreckfilm vor Tobias' Augen wurde immer undurchsichtiger. Mit schlappen sechzig Stundenkilometern hielt er sich auf der rechten Spur.

Er schaltete das Licht ein, damit man ihn wenigstens sah. Ein Unfall wäre das Letzte, was er jetzt gebrauchen konnte.

Barbara begleitete Alfred zu seinem Auto. Sie überlegte, wie sie es ihm beibringen sollte. Nur der Tod konnte ihr helfen. Und sie wusste, dass sie es nicht allein schaffen würde.

Der Wind trug fernes Geknatter herüber. Der Truppenübungsplatz.

Alfred sagte: »Ich weiß, dass du Kapital brauchst, um die neuen Häuser für die Amerikaner zu bauen.«

Barbara schüttelte den Kopf. Es war zu schön gewesen, um wahr zu sein. Die neu stationierten US-Einheiten brauchten Wohnraum. Dem Investor garantierte die

Bundesregierung die Mieteinnahmen auf Jahre. Eine bombensichere Investition. Doch das Geschäft scheiterte an den Erschließungskosten, *Dollinger-Bau* war nicht mehr liquide genug.

»Ich baue gar nichts mehr«, sagte sie. »Die Bank verweigert mir jede Bürgschaft und will, dass ich die Firma verkaufe. Der Filialleiter kungelt mit der Konkurrenz. Die Wölfe haben Appetit auf das Lamm. Seit mein Mann tot ist, wird es immer schlimmer.«

Zu allem Überfluss saß ihr auch das Finanzamt im Nacken. Tatsächlich hatte sie die Steuer betrogen und etwas Schwarzgeld beiseitegeschafft. Doch das genügte nicht, um die Firma zu halten. Barbara hatte beschlossen, den Kampf aufzugeben.

»Können deine Jungs dir nicht helfen?«, fragte Alfred. »Dein Ältester arbeitet doch bei einer Bank!«

»Als kleines Würstchen im Investmentbanking. Für Kreditvergabe ist er nicht zuständig.«

»Und wenn du nachgibst und die Firma verkaufst?«

»Geht nicht. Herbert hat das testamentarisch verhindert. Zugunsten der Biber. Die waren ihm wichtiger als ich.«

Alfred zeigte kein Anzeichen von Verwunderung. Herbert Dollinger war alles zuzutrauen gewesen. Ein Sonderling, Ökofreak und Naturschützer. Und ein Trinker. Im vorletzten Sommer war er im Suff tödlich verunglückt. Ein Glück, dass Herbert allein im Transporter gesessen hatte.

»Immerhin gibt es sie«, sagte Alfred.

»Die Biber?«

»Nein, deine Jungs.«

»Der eine dick, der andere doof.«

»Ach was. Zeit meines Lebens habe ich mir Kinder wie deine gewünscht.« Alfred schloss die Tür seines Wagens auf. »Also, wie kann ich helfen?«

»Glaubst du an ein Leben nach dem Tod?«, fragte Barbara.

Michael stellte seinen Geländewagen ab und lief durch Weidens Altstadtgassen auf den Unteren Markt zu. Unzählige Lichter in den Schaufenstern, aber Michael brauchte nichts mehr einzukaufen. Er würde seiner Mutter zu Weihnachten Geld schenken. Richtig viel Geld.

Riedmüllers Porsche war nicht zu übersehen: Protzig parkte er im Halteverbot unmittelbar vor der Gaststätte.

Der Spielerberater saß im hintersten Eck und ließ sich gerade Bratwürste und ein Hefeweizen servieren. Er hatte seine Utensilien vor sich aufgereiht: zwei iPhones und die Armbanduhr, die signalisieren sollte, wie knapp und wertvoll die Zeit eines ehemaligen Bundesligaprofis war, der heute Vereine und Fußballer in ganz Europa zu seinen Kunden zählte.

In nur zwei Stunden hatte Riedmüller es aus München nach Weiden geschafft. Nicht schlecht. Aber Michael verstand nicht, warum sie sich hier treffen mussten. Als sei sein Haus im nahen Pressath nicht zu finden.

»Hallo, Mike«, grüßte die Kellnerin.

Michael bestellte schwarzen Tee mit Zitrone und setzte sich an den Tisch.

»Hast du's dabei?", fragte er.

Riedmüller hievte eine Puma-Tasche auf den Stuhl neben sich. »Sag mal, warum wohnst du immer noch am Arsch der Welt?«

»Weil es der schönste ist, den ich kenne.«

»Mamas Rocksaum, was?«

»Geht dich nichts an.«

»Du musst raus in die Welt, Mike. Ich hätte dich längst in die erste Liga vermitteln können. Wolfsburg ist 'ne echte Option. Wie lang willst du warten? Du bist jetzt im besten Alter!«

Die Bedienung brachte den Tee und warf Riedmüllers Rolex missbilligende Blicke zu.

»Danke, Evi«, sagte Michael.

Als sie gegangen war, fragte der Berater: »Oder ist es wegen *ihr*?«

Michael lugte zu Riedmüllers Tasche hinüber. Mit der Summe, die sie enthielt, würde Mutters Firma eine Weile über die Runden kommen. Michael fühlte Stolz, weil er ihr helfen konnte. Es wurde immer schlimmer mit Mamas Verstimmungen. Neulich hatte sie schon über den Tod und das Leben danach gesprochen.

Michael griff nach der Tasche.

»Lass uns erst über deine Zukunft reden«, schlug Riedmüller vor.

»Da gibt's nicht zu bereden. Nie und nimmer wechsle ich nach Wolfsburg.«

Tobias fuhr mit geöffnetem Seitenfenster und goss Mineralwasser aus einer Flasche auf die Windschutzscheibe, zugleich den Wischer betätigend. Ganz links erzeugte er auf diese Weise eine durchsichtige Stelle. Er musste sich verrenken, und die eisige Zugluft ließ seine Ohren schmerzen, aber es funktionierte.

Endlich wurde die Fahrbahn trockener und Tobias konnte mehr Gas geben. Ein Schild huschte vorbei.

Willkommen im Freistaat Bayern. Die Hälfte der Strecke war geschafft.

Wieder beschlichen ihn Zweifel, ob seine Mutter das Geld rasch genug zurückzahlen würde. Tobias rekapitulierte, was er über das Geschäft mit den Amerikanerwohnungen wusste. Das Vorstrecken der Erschließungskosten war die Voraussetzung für die Baugenehmigung. Bis Weihnachten müsste das zu schaffen sein. Sobald seine Mutter den amtlichen Bescheid in der Tasche hatte, würde sie überall kreditwürdig und nicht mehr auf ihre dämliche Hausbank angewiesen sein.

Letztlich war alles die Schuld seines Vaters. Dieser Spinner. In seinem Testament hatte er verfügt, dass seine Witwe das alte Familienunternehmen nicht verkaufen dürfe. Andernfalls würden die Biber erben.

Tobias stellte fest, dass kein Schmutzwasser mehr gegen die Scheibe wirbelte. Er beschleunigte auf hundertsechzig.

»Wie soll ich es anstellen?«, fragte Michael.

Riedmüller blickte sich um. Dann rückte er näher und flüsterte: »Du köpfst den Eckstoß des Gegners nicht raus, sondern ins eigene Tor. Oder du verursachst einen Elfer. Aber wenn dich schon wieder Skrupel plagen, dann lassen wir es lieber.«

Dollinger-Bau muss gehalten werden, überlegte Michael. Wenn seine Mutter die Firma loswerden will, erbt nur der Biberschutzbund. Eine unsinnige Testamentsbestimmung. Weder er noch sein Bruder wollten jemals Bauunternehmer werden. Seit er denken konnte, hatte die Branche immer wieder in der Krise gesteckt. Seine Welt war der Sport.

Riedmüller rückte Rolex und die beiden Handys zurecht. »Es ist wichtig, dass Dresden erst in der zweiten Hälfte die Tore macht, verstanden?«

»Wieso?«

»In Malaysia und Singapur gibt's reiche Chinesen, die wetten auf die absurdesten Dinge.«

»Findest du ein Zweitligaspiel absurd?«

»Wenn man auch in der ersten Liga spielen könnte, ist es das. Aber du lebst ja lieber freiwillig in diesem Hinterwäldlerkaff.« Riedmüller machte eine Handbewegung, die alles einschloss. Das Lokal, den Marktplatz vor dem Fenster, das alte Rathaus gegenüber.

»Ich leb nicht in Weiden«, stellte Michael klar. »Sondern in Pressath. Das liegt zwanzig Kilometer von hier. Und so abgelegen, wie du tust, ist es gar nicht. An der Autobahn Regensburg-Hof steht ein Schild, auf dem Pressath erwähnt ist.«

Riedmüller runzelte die Stirn, dann legte er die Uhr um sein Handgelenk und steckte die iPhones ein. Die Zeit war um.

»Du bist ein guter Kerl, Mike. Und denk daran: Dresden schlägt Greuther Fürth mit zwei Toren Abstand.«

»Ich hab's kapiert.« Michael sicherte sich die Puma-Tasche. Mit deren Inhalt würde er *Dollinger-Bau* retten und seine Mutter von ihren Depressionen befreien. Er, der unterbezahlte Zweitliga-Spieler mit Realschulabschluss. Nicht sein Bruder, der studierte Banker im fernen Rheinland.

Draußen dämmerte es. Das letzte Stündlein in dieser Welt, dachte Barbara. Sie saß am Stammtisch der Gaststätte in der Bahnhofsstraße, ein Herz-Solo in der Hand, das sie gewinnen würde. Zwanzig Cent pro Nase war das Spiel wert.

Sie war die einzige Frau in der Runde der Geschäftsleute des Orts. Der Bürgermeister hatte sich dazugesellt und kiebitzte. Manchmal kam auch der katholische Pfarrer vorbei.

Herbert hatte ihr das Pflegen der Kontakte überlassen. Ihm war der Naturschutzbund wichtiger gewesen.

Barbaras Mitspieler warteten darauf, dass sie die erste Karte ausspielte. Sie wählte das grüne Ass, um Kontra zu provozieren, doch die anderen fielen nicht darauf herein.

Die Gespräche drehten sich um die Finanzkrise und die Konjunkturaussichten. Wegen der bevorstehenden Aufstockung der amerikanischen Garnison war die Stimmung noch halbwegs optimistisch.

Barbara brachte den letzten Stich nach Hause und strich den Gewinn ein. Drei Münzen, die kaum etwas wert waren in dieser Zeit. Jeder gegen jeden, einer schluckte den anderen, und manchmal gab es gar nichts zu tun. Und dann noch dieses Testament, das ihr keine Wahl mehr ließ.

Nach ihrem Tod würden sich die Söhne von der Firma trennen und frei über den Erlös verfügen können. Denn dann würde sie vererben und Herberts Verfügung die Geltung verlieren. Der Anwalt in Weiden hatte es Barbara erklärt.

Sie zahlte ihre Zeche und erhob sich vom Tisch. Der Bürgermeister sprang für sie ein und mischte die Karten neu.

»Die Gallhuber Jutta ist heut' beerdigt worden«, sagte der Wirt. »Darmkrebs wie ihre Schwester.«

»Ich weiß.«

»Wo nur der Alfred heute bleibt?«

Barbara zog ihren Mantel über, schlang den Schal um den Hals und machte sich auf den Weg.

Das Einkaufszentrum passierend, rauschte Tobias auf Pressath zu. An beiden Seiten der Straße türmte sich der beiseitegeschobene Schnee mehr als einen Meter hoch.

Schon vor der Brücke über die Haidenaab begann der Stau. Die Schranken des Bahnübergangs waren geschlossen. Ganz vorn blinkten Blaulichter. Polizei und Ambulanz. Leute waren ausgestiegen, rauchten und unterhielten sich. Es schneite.

Tobias rief aus dem Fenster: »Was ist da los?«

»Zerbröselt hat's jemanden«, antwortete eine Frau.

In diesem Moment hoben sich die Schranken und die Leute kehrten in ihre Autos zurück. Es ging weiter.

Im Vorbeirollen erkannte Tobias den Geländewagen seines Bruders, der dicht am Schneewall abgestellt war. Tobias trat so hart auf die Bremse, dass die Sporttasche vom Beifahrersitz in den Fußraum rutschte. Er stieg aus und schloss seine Winterjacke.

Der Zug war in der Kurve hinter dem Sportplatz zum Stehen gekommen. Ein Dieseltriebwagen des Regionalverkehrs. Tobias lief atemlos die Gleisanlage entlang. Schotter knirschte.

Michael stapfte ihm entgegen, blass und sichtlich aufgewühlt. »Geh lieber nicht weiter!«

»Wieso?«

»Die Mama. Der Zug hat sie voll erwischt.«

»Das kann nicht sein ...«

»Doch. Ich hab ihren Mantel erkannt und den Wollschal, den sie sich umgebunden hat, als sie zur

Beerdigung ging. Den Rest hat der Zug völlig zerfetzt.«

Die Schneeflocken wirbelten dichter. Tobias riss sich los und rannte zur Spitze des Triebwagens, um sich selbst zu überzeugen.

Das Telefon schellte. Michael ging ran. Ein weiterer Nachbar, der Beileid wünschte. Michael bedankte sich und legte auf.

»Das war Mord«, sagte Tobias. »Mamas Bank hat sie umgebracht, indem sie *Dollinger-Bau* ruiniert hat.«

»Scheiß auf die Firma. Von mir aus hätten die Biber alles kriegen können.«

»Und ich kann mich gleich vor den nächsten Zug schmeißen.«

»Was ist los, Tobi?«

»Es reicht nicht, dass ich bis zum zweiten Januar das Geld zurückbringe, sondern ich muss auch jede Menge Zinsen und Gebühren einzahlen, damit die Sache nicht auffliegt.«

Michael stellte seine Puma-Tasche neben die von Adidas. Er griff hinein und warf Geldbündel auf den Tisch. »Nimm dir, was du brauchst. Ich kann meinen Deal sowieso nicht rückgängig machen. Die Chinesenmafia kennt keinen Spaß, sagt mein Berater.«

»Mir kommt da eine Idee, Mike.«

»Was denn?«

»Wie wär's, wenn wir alles auf einen Sieg der Dresdner wetten?«

»Die Leute haben recht. Ihr Banker seid allesamt Zocker.«

Das Telefon klingelte erneut. Keiner ging ran. Michael vergrub den Kopf in seinen Armen. Hätte seine Mutter nicht ein bisschen warten können? Ein paar Stunden nur, und er und Tobi hätten sie mit Geld überhäuft.

Dann blickte er hoch und räusperte sich. »Warst du schon mal in Wolfsburg?«

Tobias stierte aus dem Fenster und sagte nichts.

»Soll ich Ihnen die Tasche abnehmen?«, fragte die Stewardess im blauen Kostüm.

»Nein, danke.«

Barbara Dollinger nahm die Nike-Tasche von ihrem Schoß und stellte sie zu ihren Füßen ab. Ihre gesamte flüssige Habe war darin. Bargeld, das sie in den letzten Jahren vor den Klauen des Finanzamts gerettet hatte. Für die Erschließungskosten des neuen Wohngebiets hatte es nicht ganz gereicht, aber selbst wenn: Barbara gab der Baubranche ohnehin keine Zukunft mehr.

Sie schloss den Sitzgurt. Dann schnupperte sie noch einmal an ihren Fingern. Zwar hatte sie sich die Hände auf der Flughafentoilette gewaschen, minutenlang mit Flüssigseife aus dem Spender und heißem Wasser. Dennoch war ihr, als rochen sie nach Verwesung.

Der Flieger startete und legte sich in eine weite Kurve. Barbara beugte sich zum Fenster. Nur spärlich flimmerten Lichter. Servus, Heimat, dachte sie. Servus, Winter.

Sie spürte ein Ziehen in den Schultern. Natürlich hatte sie mit angepackt. Alfred wäre sonst überfordert gewesen.

Barbara musste niesen. Wahrscheinlich würde sie sich einen Schnupfen eingefangen, denn beim Ausgraben von Juttas Leiche war sie fürchterlich ins Schwitzen gekommen. In völliger Dunkelheit die Kleidung der Frau auszutauschen, war auch nicht einfach gewesen.

Und dann die Kälte, als sie auf den Zug warteten, um sicherzugehen, dass ihr Plan aufging, bevor Alfred sie nach Nürnberg zum Flughafen fuhr.

Sie staunte über Alfreds Bereitschaft, die Leiche seiner Schwägerin zu opfern. Barbara spürte, wie die letzten Stunden sie diesem Mann nähergebracht hatten. Vielleicht ließe sich mehr daraus machen.

Für das Finanzamt war sie jetzt tot. Für das dämliche Testament des alten Dollingers auch. Und die Jungs würden lernen, ohne die Mutter zurechtzukommen, die alles regelte.

Weihnachten auf Lanzarote. Und danach sehe ich weiter, dachte Barbara.

Vielleicht würde sie Michael und Tobias eines Tages eine Karte schreiben.

Auf jeden Fall würde sie Alfred anrufen.

Lotte Kinskofer
Bauernopfer

»Ja, so eine Sauerei«, entfuhr es dem Jäger, der wirklich schon einiges in seinem Leben gesehen hatte. Da lag der Bauer Ferdl Hurlinger auf seiner Weide. Aus dem aufgerissenen Oberschenkel sickerte immer noch etwas Blut, ansonsten zeigten sich Fleisch und Knochen. Nur wenige Meter neben ihm lag Seppi, der Zuchtbulle. Der Jäger selbst hatte das tobende Vieh mit einem gezielten Schuss niedergestreckt.

Aber der Einsatz war zu spät gekommen. Der Stier hatte seinen besten Freund, den Bauern, an der großen Oberschenkelarterie verletzt. Ferdl war verblutet, bevor er überhaupt das Gatter erreichen und sich in Sicherheit bringen konnte. Ungläubiges Staunen stand in die weit geöffneten Augen des Bauern geschrieben. Er hatte offenbar bis zuletzt nicht glauben können, was ihm da im wahrsten Sinn des Wortes zugestoßen war.

Der Jäger Michi Reiter erzählte den Polizisten, was er wusste: »Ich war im Wald und hab Schreie gehört, und da hab ich mir gedacht, die kommen doch von der Hurlinger-Einöd. Aber bis ich da war, war's für den Ferdl zu spät. Bloß war der Stier immer noch so wild, und bevor er dann auf uns losgegangen wär ...« An dieser Stelle warf er einen Blick auf die Bäuerin, die stumm dastand und auf die Weide starrte, den toten Ehemann, den erschossenen Stier. »... das hab ich verhindern können«, beendete der Jäger seinen Bericht.

Michi Reiter, oder Rider-Mike, wie er sich seit seiner Jugend nannte, sah wieder besorgt zur Marie. Er kannte das Mädel noch aus der Schulzeit, sie war ein bisserl jünger als er und mit seiner Schwester in eine Klasse gegangen. Hübsch war sie schon immer gewesen. Offenbar war sie wieder schwanger, das Zweijährige saß im Buggy und brüllte, ohne dass jemand Notiz davon nahm.

»Geht's dir ned gut, Marie?«, fragte der Jäger besorgt, »brauchst einen Doktor?«

»Ich bin ja schon da«, sagte der kleine, schlanke Mann mit dem blassen Gesicht, der neben ihr stand.

»Ich hätt Sie fast übersehen«, murmelte Rider-Mike verlegen. »Vor lauter Hektik.«

Für die Polizisten war der Fall klar. Der Stier war auf den Bauern losgegangen, warum auch immer. Quasi ein landwirtschaftlicher Betriebsunfall. Dumm gelaufen, vor allem für den Bauern. Der Rider-Mike hatte ein seltsames Gefühl bei der Sache, aber das sagte er lieber nicht. Wer gab in dieser Gegend schon was auf das Gefühl?

»Komisch ist die Geschichte freilich«, meinte auch Mikes Stammtischfreund Harry, als der Jäger seine Geschichte im Wirtshaus erzählte. Dabei hatte der Rider-Mike seine Ahnungen gar nicht erwähnt. Nur erzählt, was er der Polizei gesagt hatte: die Schreie, der Schuss, der tote Bauer, der tote Stier.

»Der Ferdl und sein Seppi, die waren doch ein Herz und eine Seele.«

»Red doch keinen Mist«, brummte der Tierarzt. »Mit einem Bummerl kann man nicht ein Herz und eine Seele sein.«

Harry grinste den Tierarzt an. »Du hast den Hurlinger

bloß ned leiden können, weil er dich zum Besamen von seinen Kühen ned braucht hat.«

Alle lachten grob.

»›Einen echten Stier, den gönn ich meinen Mädeln im Stall. Ich lass an meine Frau ja auch keinen Tierarzt.‹ Das hat er immer gesagt, der Ferdl«, erzählte der rothaarige Manni.

»Am liebsten wär ihm gewesen, wenn auch kein Doktor seine Frau nicht angefasst hätte«, nickte Harry. »Aber manchmal muss es halt sein.«

Sie lachten wieder und prosteten sich zu. Nur der Rider-Mike war noch in seine Gedanken versunken.

Die Polizisten nahmen noch ein Protokoll auf. Marie Hurlinger sagte aus, ihr war wegen der Schwangerschaft nicht gut gewesen. Da hatte sie den Doktor angerufen. Ihr Mann war auf der Weide hinter dem Stadel, als der Arzt auf den Hof fuhr. Warum der Stier auf ihren Mann losgegangen war, wusste sie nicht.

Der Arzt saß neben ihr auf der Küchenbank und nickte. Ein Unfall. Jede Hilfe sei zu spät gekommen.

Am Stammtisch rollten sie die ganze Sache noch einmal von vorne auf.

»Ich weiß noch, wie die zwei geheiratet haben«, erinnerte sich Manni. »Sie so ein bildhübsches Mädel und er ein solcher Büffel.«

»Sag ich doch, genau wie sein Bummerl«, nickte der Tierarzt.

»Fesch war er ja schon«, mischte sich die Wirtin ein. »Und damals auch noch recht charmant, wenn er was von einer wollte, der Ferdl.«

»Woher weißt jetzt du das so genau?«, fragte Harry, aber die Wirtin grinste nur und stellte ihm ein frisches Bier hin.

»Ich glaub, beim Tanz in den Mai, da ist es losgegangen mit den zwei«, überlegte der Rider-Mike.

»Warst selber scharf auf die Marie, dass du dich so genau dran erinnerst«, grinste Harry, und als der Jäger rot wurde, da lachten alle.

»Hättest sie doch auch gerne gehabt«, konterte der Mike.

»Bei mir hätte sie es jedenfalls besser gehabt als beim Ferdl.«

Bei mir auch, dachte der Rider-Mike.

Die Polizisten waren noch auf dem Hof, als die Mutter der Marie kam. Sie drückte ihre Tochter kurz an sich, dann kümmerte sie sich um das kleine Kind, das längst ins Bett gehörte. Die Beamten gingen, ebenso der Hausarzt. Es gab hier nichts mehr für ihn zu tun.

Marie kochte Tee und erinnerte sich ebenfalls an die Zeit, als sie den Ferdl kennengelernt hatte. Er war ihr so lebenslustig, so mutig vorgekommen. Der Vater hatte nie daheim aufgemuckt. Sie hatte keinen Pantoffelhelden gewollt, sondern ein Mannsbild mit einer eigenen Meinung. Bekommen hatte sie einen groben Kraftprotz. Das erste Jahr hatte er noch gefragt: »Passt's heut?« Im zweiten Jahr hieß es nur noch: »Stell dich ned so an.« Und irgendwann hatte er gar nicht mehr geredet. Dafür gehörte jetzt zur Vitalität vom Ferdl, dass ihm manchmal die Hand ausrutschte.

Eigentlich wollte der Doktor heimgehen und sich ausruhen. Morgen würde bestimmt ein harter Tag sein, er hatte heute Nachmittag keine Sprechstunde mehr gemacht, die Leut würden ihm in aller Früh die Praxis einrennen. Aber er brauchte Ablenkung. Und er wollte wissen, was die Dorfbewohner dachten. Also ging er ins Wirtshaus.

Dr. Christoph Ruhland wurde mit großem Hallo begrüßt.

»Sie sind ja noch ganz käsig, Herr Doktor«, grinste der Manni.

»So einen aufgeschlitzten Bauern sehen Sie auch nicht alle Tag, oder?«, fragte Harry.

»Wie war's denn wirklich?«, wollte die Bedienung wissen. Der Arzt sah zum Rider-Mike, der doch bestimmt schon alles erzählt hatte, doch der zuckte nur die Schultern. »Sie wollen's immer wieder hören.«

»Wenn ich richtig verstanden hab, war die Sach ja eigentlich schon zu End, bevor du überhaupt aufgetaucht bist, Mike«, erklärt Manni. »Der Doktor aber war dabei. Der hat alles genau gesehen. War denn gar nichts mehr zu machen beim Bauern?«

Dr. Ruhland zuckte zusammen. »Meinen Sie, ich hätte ihm helfen können und hab's nicht gemacht?«

»Ich frag ja bloß.«

Nicht nur Rider-Mike bemerkte die Unruhe des Arztes, auch der alte Veterinärkollege musterte ihn nachdenklich.

»Die Frau hat mich angerufen, ich bin gekommen, der Bauer sieht mich von der Weide aus, ruft mir was zu, achtet nicht auf den Stier und der greift ihn an.«

»Der Bauer konnte von der Weide aus sehen, dass Sie auf den Hof fahren?«, fragte der Harry.

Der Arzt überlegte einen Moment.

»Ich denke, er hat mein Auto gehört, ist ans Gatter gegangen und hat geschaut.«

»Wenn er am Gatter war, hätte er doch noch fliehen können«, warf der Manni ein.

»Er hat seinem Stier mehr vertraut als den Menschen, das weiß doch jeder«, so der Arzt abschließend, dann bestellte er sich eine Apfelschorle.

»Du hast ihn ja unbedingt haben wollen«, hatte die Mutter zu ihr gesagt, als die Marie nach einem Jahr Ehe zu ihr kam und einen Rat wollte, weil ihr der Ferdl zu grob war. Dann fügte sie, die gerade ihre Silberne Hochzeit vorbereitete, ihre Lebensweisheit hinzu: »Einen Mann muss man sich ziehen, sonst ist man als Frau verratzt.«

Marie antwortete nicht. Die Eltern teilten sich eigentlich nur noch die Küche miteinander. Nach außen spielten sie das zufriedene Paar, daheim aber waren sie wie Fremde.

Fremd waren sie sich auch schon nach kurzer Zeit, der Ferdl und sie, weil er sie wie ein Stück Vieh behandelte. Aber leider teilten sie nicht nur Tisch, sondern auch Bett.

Sogar zu einem Pfarrer in den Beichtstuhl war sie einmal gegangen. Sie war eigens in die Stadt gefahren. Nein, nicht nach Neumarkt oder Schwandorf, wo man manchmal jemandem aus dem Dorf begegnete. Sie wollte keinen sehen, keinen grüßen, nicht erkannt werden. Fuhr mit dem Zug nach Regensburg und gönnte sich einen schönen Tag. Ihrem Mann hatte sie es als dringenden Facharztbesuch verkauft. Sie schlenderte vom Bahnhof aus durch die Maximilianstraße, sie gönnte sich einen Kaffee in der

Sonne auf dem Haidplatz, sie setzte sich einen Moment in den Dom zum Beten und an die Donau zum Nachdenken – mit Blick auf die Steinerne Brücke. Wie schön es hier war ... Andere aus dem Dorf fuhren öfter in die Stadt, auch abends, sie gingen aus, sie amüsierten sich. Nur sie saß fest in der Einöde mit einem Mann, der gerne mal ausging, aber immer ohne sie. Meistens ins Wirtshaus, und alles andere wollte sie gar nicht so genau wissen. Da ... in dieser Kirche war Beichtgelegenheit. Deswegen war sie doch eigentlich in die Stadt gekommen.

»Die Familie ist heilig und unzerstörbar.« Das waren die Worte des Pfarrers gewesen, nachdem sie ihm ihr Leid geklagt hatte. Dann hatte er noch hinzugefügt: »Gott liebt Frauen, die dulden können.«

Die Mutter hatte also kein Mitleid mit ihr gehabt und auch nicht der Pfarrer. Mit der Schwiegermutter hatte sie gleich gar nicht geredet. Die war ja von Anfang an der Meinung gewesen, dass keine gut genug für ihren Ferdl war. Dass er als Zweitgeborener den Hof von einer Großtante geerbt hatte, die kinderlos gestorben war, das war ein großes Glück gewesen. Dass er sich eine hübsche und keine tüchtige Bäuerin gesucht hatte, das hatte seine Mutter nicht verstanden.

»Ihr Patient war der Bauer gar ned, oder?«, fragte der Tierarzt am Stammtisch nach.

Der Doktor schüttelte den Kopf und Harry grinste den Veterinär an: »Der wär doch bei dir sowieso besser aufgehoben gewesen.«

Ja, der Ferdl war ein Viech gewesen.

»Ich weiß noch, wie er Sie da an die Garderobe hängen wollt, weil Sie seine Frau behandelt haben«, mischte sich die Bedienung ein und stellte dem Arzt einen Schnaps hin, den der Harry spendiert hatte mit den Worten: »Weil Sie gar so käsig sind, Herr Doktor.«

Der dachte gar nicht gerne an diesen Zwischenfall. Vor ein paar Monaten hatte er die Praxis vom Vorgänger übernommen. Mit den meisten Dörflern kam er gut klar, aber als er zum ersten Mal das von den Schlägen und vom Weinen geschwollene Gesicht Maries gesehen hatte, da war es um den jungen Arzt geschehen. Er hatte ihr etwas von Frauenhaus, von Flucht in die Stadt, von Neuanfang erzählt. Er hatte ihr eine Tür ins Leben gezeigt, von der sie gar nicht gewusst hatte, dass es die gab. Damit war alles nur noch schlimmer geworden. Sie hatte ihrem Mann gedroht, ihn zu verlassen. Und der war sehr schnell draufgekommen, wer seine Frau gegen ihn aufgehetzt hatte, wie er das nannte.

»Hätte gern einer von Ihnen dazwischen gehen dürfen, als er mich verprügelt hat«, sagte der Arzt.

»Eine Watschn oder zwei, mehr war's doch ned«, winkte Harry ab.

Dem Doktor hatte es völlig gereicht. Er war chancenlos gewesen gegen diesen Bullen von einem Mann.

Rider-Mike betrachtete den Arzt grüblerisch.

»Er hat Ihnen doch verboten, seine Frau zu behandeln.«

Der nickte.

»Wieso sind Sie heute wieder rausgefahren?«

»Weil die Patientin entscheidet, wer sie behandelt, nicht ihr Mann.«

»Hatten Sie nicht Angst, er tut Ihnen noch mal was an?«, bohrte der Jäger nach.

»Hätte ich die Frau in ihrem Elend allein lassen sollen?«

Der Arzt sah auffordernd in die Runde. Alle senkten den Blick. Sie wussten, wie das Leben von Marie Hurlinger ausgesehen hatte. Aber keiner wollte helfen. Nur der Tierarzt musterte den Kollegen wieder.

Marie konnte nicht schlafen. Sie saß in der Küche. Jetzt wäre es schön, wenn Christoph hier wäre. Er war so ein ganz anderer Mann als Ferdl. Klein und schmächtig, aber ein guter Zuhörer und ein aufmerksamer Beobachter. Er hatte ihr Unglück gesehen. Und auch wenn er kein starker Mann war und sich das ganze Dorf darüber lustig machte, dass der Ferdl ihn verprügelt hatte, sie fand den Doktor mutiger als alle anderen. Er hatte zu ihr gehalten.

»Ich versteh's immer noch ned«, fing der Harry noch einmal an. »Der Seppi war doch immer harmlos mit dem Ferdl. Wieso tut der ihm auf einmal was an?«

»Manche Stiere sind sehr empfindlich, wenn irgendwo was wedelt zum Beispiel«, sagte der Tierarzt. »Brauchen bloß ein paar Blätter durch die Luft geflogen sein.«

»Aber das hätte der Ferdl doch am besten gewusst«, wandte der Manni ein.

Auch die Bedienung nickte bestätigend. »›Mit dem Seppi muss man ganz leise reden, wie mit einem Kind‹, hat der Ferdl mal gesagt, ›weil er so sensibel ist‹.«

»Das sind mir die richtigen Leut«, knurrte der Tierarzt. »Dem Stier was ins Ohr flüstern und die Frau anbrüllen, den Bummerl streicheln und das Weib schlagen.«

»Eine neue Frau kostet weniger als ein neuer Stier«, grinste der Harry, aber außer ihm fand das keiner lustig.

Rider-Mike jedoch war wieder hellhörig geworden. Er sah den Arzt fragend an.

»Sie kommen auf den Hof. Der Ferdl hört Sie, kommt ans Gatter und schreit, obwohl er weiß, dass sein Stier das nicht mag?«

Der Doktor überlegte kurz. Genau das hatte er bei der Polizei ausgesagt. Dabei blieb er auch. Also nickte er.

»Ich denke, als er mich gesehen hat, da war sein Temperament größer als seine Vernunft«, erklärte er das ungewöhnliche Verhalten des Bauern.

»Was hat er denn gesagt?«, fragte die Bedienung.

»›Hau ab, du Depp‹, so hat er angefangen«, erinnerte sich der Arzt. »Und das andere habe ich nicht mehr so verstanden, das waren Schimpfwörter, die habe ich noch nie gehört.«

Es klingt glaubhaft, dachte der Rider-Mike. Aber ich nehm's ihm trotzdem nicht so ganz ab.

»Ich werde mit Ihrem Mann reden«, hatte der Arzt zur Marie gesagt, als der Ferdl sie verprügelte, obwohl sie schwanger war.

»Bloß ned, das macht alles noch viel schlimmer. Für mich und für Sie auch.«

Da hatte der junge Doktor den Tierarzt um Rat gefragt. Der kannte die Leute hier länger und besser.

»Ich weiß nicht, wie man so ein Mannsbild bändigen könnte. Bei einem Viech würde ich eine Spritze nehmen.« Das war der Rat des Fachmanns.

Dann aber hatte der junge Arzt am Stammtisch die

Geschichte von dem sensiblen Stier aufgeschnappt. Und hatte eine Idee.

Marie sah aus dem Fenster. Dort hinten lag die Weide. Da war Ferdl gestorben. Der Arzt hatte sich bei ihr nach einigen Abläufen erkundigt. Wann die Viecher gefüttert werden. Ob der Stier auf der Weide oder im Stall ist. Ob sie den füttert oder ihr Mann.

Sie hatte ihn nicht angerufen, weil es ihr nicht gut ging. Er war von selbst gekommen. Er war ausgestiegen, sah sie mit dem Kleinen an der Hand und mit dem schweren Bauch in der Tür stehen, angstvoll, unsicher. Er war mit festen Schritten zur Weide gegangen.

»Hurlinger, ich nehm deine Frau mit!«, hatte er gerufen, so laut er konnte.

Beide hatten den Kopf gewandt, der Stier und der Mensch.

Ferdl Hurlinger hatte ungläubig auf den kleinen, schmalen Menschen geschaut, der es da wagte, ihn herauszufordern. Er hatte den Kopf gesenkt und war auf das Gatter zugekommen.

»Haust ab, du windiger Depp, du!«

»Ich bring sie in die Stadt, wo sie sicher vor dir ist!«, hatte der Arzt gebrüllt.

»Diesmal brech ich dir alle Knochen, du Hammel!«, tobte der Bauer, ganz außer sich.

Doch dazu kam es nicht mehr. Seppi senkte den Kopf. Vielleicht wäre er lieber auf den Arzt losgegangen, aber der stand außerhalb des Gatters.

Ferdl Hurlinger hatte zu spät bemerkt, dass sein bester Freund sich gegen ihn wandte. Nervös geworden durch die schreienden Menschen, mischte Seppi nun sein Gebrüll unter die Stimmen der beiden Männer. Dann war alles ganz schnell gegangen. Dass der Stier wirklich gleich eine wichtige Ader erwischt hatte, das war – zumindest aus der Sicht des Arztes – Glück gewesen. Jede Hilfe kam zu spät. Vor allem, da er die Weide erst betreten konnte, nachdem der Jäger den Stier getötet hatte.

Der Rider-Mike ging früh nach Hause. Er überlegte, ob er die Marie die nächsten Tage besuchen sollte. Vielleicht, weil er zufällig in der Gegend war, im Wald zu tun hatte. Warum auch immer der Stier auf den Ferdl losgegangen war, ihm konnte es wurscht sein. Den Falschen hatte es ja nicht erwischt. Und die fesche Marie war wieder frei. Gut, da waren das Kind und das Ungeborene ... Aber da war auch der Hof. Wenn ich die Marie krieg, dann soll sie zum Doktor nach Schwandorf gehen, dachte er noch. Der zaundürre Zugezogene war ihm nicht ganz geheuer. Der machte ihr doch schöne Augen. Manchmal sah er den jungen Doktor im Wald spazieren gehen. Wenn er die Marie nicht in Ruh lässt, gibt's noch einen Jagdunfall, dachte der Mike und überlegte, ob er bei seinem Besuch der Marie was mitbringen sollte oder ob's dafür noch zu früh war.

Raimund A. Mader
Wolfsfieber

Niemand wusste später genau zu sagen, wie es zu dem Gerücht gekommen war, wer es in die Welt gesetzt hatte oder auch wie es geschehen konnte, dass sich die doch sehr widersprüchlichen Aussagen verschiedener vermeintlicher Augenzeugen in solcher Windeseile verbreiteten.

Tatsache war, dass die Nachricht, ein riesiger Wolf sei nächtens an mehreren Stellen in nächster Nähe der Stadt gesichtet worden, die Einwohner der kleinen Oberpfälzer Gemeinde anfangs in höchst unterschiedlicher Art und Weise berührte.

Während die einen die Vorstellung eines umherstreifenden Wolfs umgehend ins Reich der Fantasie verwiesen, wobei sie sich über die Sensationsgier der breiten Masse lustig machten, führte es bei anderen dazu, dass sie sich, gerade in den Abendstunden, wenn graue Schatten durch die Gassen und Wege zu kriechen begannen, nur noch kurzzeitig und dabei misstrauisch und verunsichert um sich blickend aus ihren Häusern wagten. Vor allem die Mütter heranwachsender Kinder wachten mit einem Mal mit noch größerer Sorge und verbissener als sonst über ihre Sprösslinge, die sie unter keinen Umständen mehr ohne Aufsicht und ihren Blicken entzogen einer dunklen Gefahr aussetzen wollten.

Dann fanden sich Spuren in der Nähe eines der Felsenkeller, in denen der alte Zeitler in früheren Jahren sein

Zoiglbier gelagert hatte. Jakob, der unter den Menschen im Ort als schwachsinnig geltende Sohn vom Zeitler, der ständig irgendwo draußen herumstreifte, hatte sie eines Morgens entdeckt, etwas außerhalb der Stadtmauer, ganz in der Nähe eines der Neubaugebiete.

Dort, am *Alten Kalkofen,* wie das Gebiet genannt wurde, befand sich noch eine ganze Reihe dieser unterirdischen Gewölbe, ausnahmslos im Besitz alteingesessener Familien. Die Zugänge zu den feuchten und kalten Gruften mit ihren Ausblühungen von Salpeter, von wildem Gras und Brennnesseln überwuchert, waren in aller Regel verfallen und die Gruften selbst teilweise auch einsturzgefährdet, sodass sie dem Stadtrat und dem Bürgermeister seit Langem ein Dorn im Auge waren.

In früheren Zeiten waren hier die Männer des Ortes nach durchzechten Nächten vorbeigeschwankt, hatten sich im Schutz der alten Gemäuer hingestellt und ihr Wasser abgeschlagen. »Brunzecken« hatte man diese düsteren Winkel genannt, und noch heute war eine Ahnung des scharfen Uringeruchs in der Luft, ein Geruch, den es im Grunde vielleicht schon gar nicht mehr gab, der dennoch über allem zu hängen schien.

»Schon möglich«, meinte der Stadtförster, den man gerufen hatte, damit er sich die Abdrücke, die das Tier im regenweichen Boden hinterlassen hatte, näher anschaute.

»Schon möglich, aber ... die Spuren könnten natürlich auch von einem streunenden Hund irgendwo hier aus der Gegend stammen ... Immerhin müsste es sich dabei um einen Riesenkerl handeln ...«

Die Männer, die sich um ihn und den Zeitler versammelt hatten, nickten zögerlich oder wiegten die Köpfe.

»Kannt des Veich niad vom Truppenübungsplatz iwa kumma sa? War ja niad weit. Iwa de 420er ...«, meinte einer von ihnen.

Die Blicke der Männer gingen durch die Bäume hindurch zur Bundesstraße, die sich in Sichtweite, nur wenige Hundert Meter entfernt, entlang des Truppenübungsplatzes von West nach Ost erstreckte.

»Hast schon recht. 'S wär' kein Wunder, wenn dort immer noch Wölfe hausten. Gab's ja bis zum Krieg dort ...«

Der Burger Baptist war lange Jahre Lehrer an der örtlichen Volksschule gewesen und kannte sich mit diesen Dingen aus. Seit er sich nicht mehr im aktiven Schuldienst befand, hatte er sich darauf verlegt, die Geschichte des Truppenübungsplatzes näher zu erforschen, und auf Erzählungen von Wolfsrudeln, die sich dort, in der von Menschen kaum berührten Natur, angesiedelt haben sollten, war er immer mal wieder gestoßen.

»Na, ich weiß nicht«, meinte Kaibitzer, der Bürgermeister, der zusammen mit dem Förster gekommen war. »Vielleicht sollten wir die Pferde nicht scheu machen. Zum Schluss laufen uns noch die Leute davon ...«

Die Männer nickten, kratzten sich unter ihren Mützen und Hüten, und vereinbarten, nichts über die Wolfsspur, wenn es sich denn um eine solche handelte, verlauten zu lassen. Doch schon am nächsten Tag hatte sich die Nachricht, dass Spuren eines riesigen Wolfes nunmehr innerhalb der Ortsgrenzen entdeckt worden waren, wie ein Lauffeuer in der Stadt verbreitet.

Die Menschen reagierten nun mit zunehmender Verunsicherung, mit Angst und Panik auf die erneuten Anzeichen einer Gefahr, die ihnen in erschreckender Weise näher zu kommen schien, und bald schon legte sich dumpfe, namenlose Furcht über das Städtchen.

Dabei waren es vor allem die Worte des alten Lehrers, die, plötzlich in sämtlicher Munde, bei vielen den Eindruck entstehen ließen, die Existenz einer wilden Bestie in unmittelbarer Nachbarschaft sei nichts, was man verächtlich und noch länger als blanken Unsinn abtun konnte.

Etwas Dunkles war in das behütete Leben der Menschen getreten, war Teil davon geworden, und selbst die, die sich bislang in lächerlicher Überheblichkeit als aufgeklärte und rational und furchtlos Denkende verstanden hatten, mussten mithin zugeben, dass ihnen die Vorstellung eines mörderischen Tieres, das jederzeit ihren Weg kreuzen konnte, ungeahnte Schauer über den Rücken jagte ... Denn auch sie waren nicht gänzlich gegen das Fieber der Angst gefeit.

Die Presse nahm sich des Falles an und berichtete ausführlich über die »Bestie«, wie das Phantom bald schon genannt wurde. Fernsehteams rückten mit ihren Kameras an und interviewten die Einwohner, die sich jedoch – von der kommunalpolitischen Prominenz abgesehen, die mit wichtiger Miene Hilfe aus Regensburg oder gar aus der Landeshauptstadt einforderte – nur ungern befragen ließen. Vielmehr waren die Menschen froh, als die Journalistenmeute am Ende dann abzog und sie wieder unter sich waren. Es war dies eine Phase, in der es schien, als würden die Bewohner des Städtchens näher zusammenrücken.

Auch der örtliche Pfarrer ging in seinen sonntäglichen Predigten auf die Ängste seiner Herde ein. Zahlreicher als sonst versammelten sich in diesen Wochen die Gläubigen in seiner Kirche. Schafe, die sich um ihren Hirten scharten. Der Pfarrer registrierte dies mit sichtlichem Wohlgefallen und dankte dem Himmel für das Menetekel, das ihm die pastorale Arbeit in allzu weltlicher Zeit etwas erleichterte. Alttestamentarische Ängste haben den Menschen noch nie geschadet, dachte er, und in diesem Sinne deutete er der Gemeinde die Erscheinung der Bestie als ein ernst zu nehmendes Zeichen dafür, dass das Böse in dieser so sündigen Welt noch immer sein Unwesen trieb.

* * *

Als der verregnete Frühling in einen heißen, aber schwülen Sommer überging, wurde es etwas ruhiger, was die Gerüchte über die Bestie betraf. Andere Sensationen traten an ihre Stelle, doch etwas von der Angst blieb, hatte sich wie ein kaum wahrnehmbarer Schleier über alles gelegt, und noch immer wagten sich die Bewohner nur mit einem Gefühl der Furcht, das sie vordem nicht gekannt hatten, auf die Straßen.

Nur Jakob Zeitler, diesen »tumben Toren«, der von all dem unbeeindruckt geblieben war, zog es in jenen Tagen und auch in den lauen Nächten wieder und wieder hinaus zu seiner verwunschenen Welt rings um den *Alten Kalkofen*, zu den Kornfeldern, die sich entlang der Bundesstraße noch immer ausbreiteten, und zu den alten Felsenkellern, die vor ewiger Zeit in den Berg hineingeschlagen worden waren.

Wie es schien, war er der Einzige weit und breit, der keine Angst vor dem Wolf hatte. In stummer Glückseligkeit rannte er durch die Felder, ließ es zu, dass die scharfen Halme seine nackten Beine peitschten, bis sie rot und blutig waren und wie Feuer brannten. Er spürte keinen Schmerz und lautlos drang er anschließend ein in die feuchte Dunkelheit der Höhlen, entdeckte Zugänge, von denen niemand etwas ahnte, die nur ihm gehörten, ließ sich treiben und fallen und fühlte sich in der grauen Dunkelheit geborgen wie im mütterlichen Schoß.

Wie ein Tier saß er oft stundenlang am Ende der Stollen, eins mit der Kälte des Erdreichs. Wenn er dann abends oder am frühen Morgen nach Hause kam, war er dreckverschmiert, sodass die Mutter die Hände über dem Kopf zusammenschlug.

»Jessas Bou, wou woast'n wida?«, sagte sie dann, und der alte Zeitler, der ihn ganz eigenartig ansah, schwieg, wie er seit vielen Jahren geschwiegen hatte.

Die Tage und Wochen vergingen in diesem Sommer in seltsamer Eintönigkeit. Es war, als würden die Menschen auf etwas warten, das unweigerlich kommen musste. Sie waren wachsam, doch dann, gerade dann, als ihre Wachsamkeit um ein Weniges nachzulassen begann, trat das schreckliche Ereignis ein.

Laura, die Tochter des Bürgermeisters, galt von einer Stunde auf die andere als vermisst.

Einen Strauß Blumen und etwas Kuchen habe sie der Großmutter, die ganz in der Nähe des Hauses ihres Sohnes und seiner Familie lebte, bringen wollen, sagte ihre Mutter, die Kaibitzerin, unter stoßweisem Schluchzen, als man sie befragte. Sie war völlig verstört und schien bereits zu diesem Zeitpunkt zu ahnen, dass sie ihre Tochter nie mehr wiedersehen würde.

»Warum hast du sie gehen lassen?«, brüllte der Kaibitzer in tiefer Verzweiflung, als auch ihm dämmerte, dass etwas Schreckliches passiert sein musste. Wenig hätte gefehlt und er wäre über seine Frau hergefallen, die nun völlig zusammenbrach, und selbst die Polizisten, die erst noch verlegen herumgestanden hatten, konnten ihn nur mit Mühe zurückhalten.

Laura war des Bürgermeisters einziges Kind, gerade mal dreizehn Jahre alt, mit dem schweren, dunklen Haar der Mutter und Augen von tiefstem, unergründlichem Blau, in dem die Menschen zu versinken drohten, wenn sie sich darin fingen. Selbst er, der Kaibitzer, konnte sich, wenn er die eigene Tochter ansah, von dem Zauber nicht ganz frei machen, den sie auf ihn wie auf die Freunde und Bekannten jeden Alters und Geschlechts, ja, auf alle, die sie zu Gesicht bekamen, machte. Er nahm dies mit Unbehagen wahr und konnte sich doch nicht gänzlich frei machen von dieser grauenvollen Lust, mit der er sie betrachtete, wenn sie sich in kindlicher Unbekümmertheit auf seinen Schoß setzte und ihn erstarren ließ. Und er empfand in diesen Momenten einen unbändigen, kaum erklärlichen Hass auf den Mann, der sie, seine Blume, dereinst pflücken würde. Da brach ihm dann der Schweiß aus, und die Kehle wurde ihm eng, und es kostete ihn fast unmenschliche Kraft, diese verwirrenden Gefühle von Begehrlichkeit und Zorn und Angst in sich zu erwürgen.

Als ihm nun vor wenigen Minuten die Polizisten die Nachricht gebracht hatten, dass man Laura nicht finden könne und man sich größte Sorgen um sie mache, da schwante ihm einen Augenblick lang etwas von einer

Schuld, die, wie er ahnte, in seiner übergroßen Liebe zur Tochter begründet sein mochte.

Polizisten aus allen Ecken der Oberpfalz wurden, als man Laura trotz intensiver Suche nicht auffinden konnte, bereits zwei Tage nach ihrem Verschwinden zum Einsatz in die kleine Gemeinde abkommandiert. Aus Regensburg, Weiden, Amberg und vielen anderen Städten, sogar aus München, wurden sie zusammengezogen und zum Ort des Verschwindens gebracht. Dort durchstöberten sie die Gegend Millimeter für Millimeter, doch vergeblich. Das Mädchen blieb verschwunden.

* * *

Erst zu Beginn des Herbstes fand ein Pilzsammler in einem nur schwer zugänglichen Waldstück, das sich ein ganzes Stück jenseits der Grenzen zum Truppenübungsplatz ins Sperrgebiet erstreckte, und wohl aus diesem Grund bei der Suche durch die Polizisten vernachlässigt worden war, die schon stark in Verwesung übergegangene Leiche des Mädchens.

Ihr Körper war grässlich entstellt und zeigte eine Vielzahl von Bisswunden. Laut Gutachten der Regensburger Pathologie war jedoch mit großer Wahrscheinlichkeit davon auszugehen, dass ihm diese samt und sonders *post mortem* von Tieren des Waldes, hauptsächlich Wildschweinen, wie man vermutete, zugefügt worden sein mussten. Von einem todbringenden Biss war nicht unbedingt auszugehen ...

Was die eigentliche Todesursache gewesen war, konnte allerdings trotz aufwendigster Untersuchungen nicht zweifelsfrei geklärt werden. Dazu war der Körper des Mädchens zu lange den Unbillen der Witterung ausgesetzt gewesen. Man stellte eine Kopfwunde fest, doch konnte man nicht sagen, wie es zu dieser Verletzung gekommen war. So ergab es sich, dass die Vermutungen der Menschen hinsichtlich der Art und Weise, wie Laura zu Tode gekommen war, höchst unterschiedlich ausfielen. Viele waren überzeugt, dass sie einem Verbrechen zum Opfer gefallen sein musste. Selbst als sich herausstellte, dass sie ihrer Jungfräulichkeit nicht beraubt worden war und es somit, wie man annehmen und hoffen durfte, eher unwahrscheinlich war, dass sie Opfer eines Sexualverbrechens geworden war, ging man von diesem Glauben nicht ab. Andere wiederum vertraten die Meinung, dass das Mädchen von einem Tier des Waldes angefallen und getötet worden war. Keine der beiden Theorien konnte aber eindeutig belegt werden, sodass die Einwohner auf die Frage, was letztlich zu Lauras grausigem Ende geführt hatte, keine schlüssige Antwort fanden.

Erstaunlicherweise, so hieß es, sei Lauras Gesicht fast unversehrt gewesen, als man sie auffand. Der alte Pilzsammler, der ihren Körper im Unterholz entdeckt hatte, sprach später vor allem davon, dass ihre Augen weit geöffnet gewesen waren und er noch nie zuvor in Augen von solchem Liebreiz geblickt habe. Obwohl er ihren geschundenen Körper wahrgenommen und sofort gewusst habe, dass sie seit geraumer Zeit tot sein musste, sei es ihm einen Augenblick lang gewesen, als würde sie leben.

Diese Aussage sorgte natürlich für höchstes Befremden bei den ermittelnden Beamten, und nur der

Tatsache, dass die Polizisten, die als Erste zum Fundort der Leiche gerufen worden waren, diesen Eindruck des Mannes bestätigten, hatte er es zu verdanken, dass er seiner eigenartigen Formulierung wegen nicht in Verdacht geriet und sofort verhaftet wurde.

Die Bewohner des kleinen Ortes kannten sich alle gegenseitig, und man war sich sicher, dass keiner aus ihrer Mitte etwas mit dem Tod der Laura zu tun haben konnte. Darauf schwor man Stein und Bein. Trotz aller Feindschaft, die hie und da herrschte, trotz Neid und Verleumdung, wie sie unter Menschen nun mal vorkommen, niemand traute dem Anderen zu, ein derartiges Verbrechen begangen zu haben. Und wenn es doch einen Hauch von Zweifel gab, so sprach niemand darüber.

Dieser Zweifel galt, wenn überhaupt, dem einen unter ihnen, der zwar mit ihnen lebte, aber doch in einer gänzlich anderen, ihnen fremden Welt zu Hause war – dem Jakob Zeitler. Da sich Konkretes aber nicht beweisen ließ – niemand hatte etwas beobachtet und weder an der Leiche des Mädchens noch am Fundort waren Spuren gefunden worden, die man mit dem Jakob in Verbindung hätte bringen können – blieb lediglich ein leichtes Unbehagen.

Allerdings stellte sich im Zuge der polizeilichen Ermittlungen auch heraus, dass zum Zeitpunkt von Lauras Verschwinden kein einziger Fremder in der Umgebung gesehen worden war. Weder an Sommergäste, die ja der ungünstigen Witterung wegen längst schon wieder abgereist waren, noch an Jugendliche von außerhalb, die sich irgendwelchen befremdlichen Vergnügungen hingegeben hätten – damals waren weder Saufgelage noch sonstige Aktivitäten registriert und gemeldet worden – konnte man sich erinnern. Ja, nicht einmal Handelsvertreter, die sich ohnehin nur selten in den Ort verirrten, waren damals zu Verkaufsgesprächen unterwegs gewesen.

So kehrten wenige Tage nach der Beisetzung des Mädchens die Gerüchte, die nie gänzlich verstummt waren, zurück. Zuerst hinter vorgehaltener Hand geflüstert, drangen sie schon bald an die Öffentlichkeit. Auch in den Geschäften der Stadt und auf der Straße wurde heftig diskutiert, überall dort, wo die Menschen zusammenkamen. Das Erstaunliche dabei war, dass vorwiegend die Aussagen der Gerichtsmediziner, die Bisswunden rührten von Wildschweinen her und seien dem Körper nach Lauras Tod zugefügt worden, immer stärker in Zweifel gezogen wurden.

Ob er je davon gehört habe, dass einzelne Wölfe Menschen angegriffen hätten, wurde der Lehrer im Wirtshaus gefragt. Der Burger Baptist, ein eher klein gewachsener Mann, der es genoss, im Mittelpunkt des Interesses zu stehen, ließ sich Zeit, ehe er antwortete.

»Canis lupus«, sagte er mit einer Stimme als würde er noch immer vor seinen Schülern stehen, »Canis lupus, der Wolf also, ist, wie wir wissen, ein Raubtier, das vorwiegend im Rudel jagt ...«

»D'Leit a, Babist? Geiht so a Veich a af d'Leit lous?«, wollte eine der Frauen wissen, die sich trotz der lauernden Gefahr zu ihrem wöchentlichen Singkreis im *Schwarzen Eber* getroffen hatten und nun neugierig zum Stammtisch hinüberblickten, wo der Burger vor den versammelten Männern dozierte. Viele von ihnen, und auch von den Frauen, hatte er schon in der Volksschule unterrichtet, und noch immer galten seine Worte etwas bei den Leuten.

»In der Tat, auch Menschen«, nickte er. »Wenn auch nur selten ... Dann aber hat man es mit ganz besonderen Exemplaren zu tun, mit Einzelgängern, die sich aus irgendeinem Grund von ihrem Rudel abgesetzt haben ... Bestien, wie ihr sie aus Mythen und Märchen kennt ...«

»Hourchts ner, hourchts ner«, kam es von einigen der Männer, und viele nickten.

Als der Burger daraufhin verstummte, schien alles gesagt, und die Männer hoben ihre Gläser, prosteten den Frauen zu und tranken.

Als sie später dann nach Hause strebten, ahnten nur die wenigsten von ihnen, dass die Worte des Lehrers etwas in ihren Herzen gesät hatten, was in der Folge dunkle Schatten auf ihrer aller weiteres Leben werfen sollte.

Schon wenige Tage später traf man sich erneut im *Schwarzen Eber,* und dieses Mal war auch der Kaibitzer dabei. Die Männer erhoben sich, als er hereinkam, reichten ihm ihre stummen Hände oder klopften ihm auf die Schultern. Es gab nichts, was sie ihm sagen konnten, um seinen Schmerz zu lindern. So saßen sie denn Stunde um Stunde vor ihren Biergläsern, in die sie beharrlich starrten, bis der Kaibitzer endlich das Schweigen brach.

»Des Veich mou weg«, sagte er.

Die Männer nickten, hoben ihre Gläser und stießen an, und es war wie Erleichterung, die sie mit einem Mal erfasst hatte.

* * *

Abend für Abend, mit beginnender Dunkelheit – und die setzte nun bereits sehr zeitig ein – trafen sie sich in der Folgezeit, um das zu tun, was wohl getan werden musste, um dem grausigen Spuk ein Ende zu bereiten. Es schien, als hätten sie zusammen mit dem Kaibitzer einen Schwur getan, als sie zugestimmt hatten, dass Jagd auf die Bestie gemacht werden müsse.

Natürlich waren es nicht immer dieselben, die sich auf die Suche machten – man wechselte sich ab –, nur der Kaibitzer und der alte Zeitler waren, ohne dass man sich darüber Gedanken gemacht hätte, immer dabei. Die Männer führten starke Taschenlampen mit sich, waren daneben aber auch mit Schrotflinten ausgerüstet, dazu mit schweren Knüppeln und Mistgabeln und Messern, Mordwerkzeuge, die zu benutzen sie bereit waren. Nacht für Nacht waren sie so in den Randbereichen des Ortes unterwegs, dort, wo sie die Bestie am ehesten erwarteten, und selten kamen sie vor fünf Uhr morgens in ihre Betten, wo die Frauen und ihre Liebsten voll banger Sorge auf sie warteten. Und wenn der Schlaf sie dann umfing, dann wälzten sie sich noch lange unruhig und von bösen Träumen gequält auf ihren Matratzen hin und her.

Erst in der Nacht, die dem Katharinentag vorausgeht, schien sich die Geduld der Männer endlich auszuzahlen.

In dieser Nacht, fast schon im Morgengrauen, war es einem von ihnen, der sich wie die anderen zwischen Wachen und Träumen gegen den Schlaf stemmte, als habe er einen Schatten durch die Büsche nahe der Neubaugebiete huschen sehen.

»Dou schaut's hi, dou is wos!«

Sofort war bei den Männern die Müdigkeit vergessen. Hände schlossen sich um Waffen, und eine wilde Lust zu töten erfasste sie mit ungeheurer Wucht, ließ sie taumeln und wie blind in die angezeigte Richtung stolpern.

Schwer zu sagen, ob sie in der Folge tatsächlich etwas von einer Bestie wahrnahmen, die sich gelbäugig und böse durch hohes Gras schlug, oder ob sie eher dem Instinkt des Jägers folgten, einem Instinkt, der gänzlich unerwartet aus den Tiefen ihres Unbewussten zu Tage getreten war und mit einem Mal alles Menschliche überlagerte.

Was auch immer es war, das sie trieb, es führte sie schließlich zu den verfallenen Gewölben am *Alten Kalkofen*. Keuchend standen sie Minuten später vor dem Eingang, der zum Keller des Zeitler gehörte, verharrten dort voll Anspannung, und als just in diesem Moment der fahle Herbstmond hinter einer dichten Wolkenschicht hervortrat, schien es ihnen tatsächlich, als würden sie einen dunklen Schatten durch das halb vermoderte Tor, das zu ihrem Entsetzen einen Spalt weit offen stand, hindurchgleiten sehen.

»Und wer zum Saggara ...«, setzte der Zeitler an, der ungläubig in die Schwärze starrte, die durch die Öffnung quoll. Doch noch ehe er den Satz vollenden konnte, hatten ihn die Männer, die hinter ihm standen und jetzt voll Ungeduld nach vorne drängten, in das Loch geschoben. Einer nach dem anderen folgten sie, und dann warteten sie, geblendet von der Dunkelheit und zusammengedrängt wie Schlachtvieh, dass der Zeitler oder einer der anderen einen Lichtschalter betätigte.

Doch vergeblich hofften sie auf einen lichten Schimmer, der die ewige Finsternis durchdringen würde, und ihre Schreie brachen sich in der Folge tausendfach an den feuchten, kalten Wänden ...

Als sie nach schier endloser Zeit aus der Tiefe des Kellers wieder hervorkamen, waren ihre Gesichter schwarz und blutverschmiert. Mit sich trugen sie, in eine Decke gehüllt, ein schweres, dunkles Bündel, das sie vorsichtig vor den Stufen, die ins fahle Morgenlicht hinaufführten, ablegten.

Keiner von ihnen sprach, und nur ihr schweres Atmen war in der Stille der Dämmerung zu vernehmen. Schließlich löste sich einer der Männer, der Zeitler, aus dem Kreis, den die anderen gebildet hatten, und trat an das Dunkle zu seinen Füßen heran.

»Heilige Mutta Gottes, stei uns bei«, sagte er noch, ehe er sich hinabbückte.

Lange starrte er dann, nachdem er die Decke auseinandergefaltet hatte, auf die zerschlagenen Züge Jakobs, seines Jungen, der leblos in seinem Blut und für immer gebrochen vor ihm lag.

Schließlich erhob er sich wieder.

»Koi Wort zu unsre Weiba«, nickte er den anderen zu, die noch immer wortlos um ihn herumstanden.

Als die Männer daraufhin einander in die Augen blickten, nahmen sie darin einen Glanz, gelb und hart wie Bernstein, wahr, einen Glanz, der von nun an auf ewig darin wohnen würde.

Von einem Wolf, der in ihr Paradies eingebrochen war, wurde in dem kleinen Oberpfälzer Städtchen seit jenem grauen Morgen jedoch nie mehr gesprochen ...

Petra Nacke
Humankapital

Ella Hannauf hatte den größten Teil dieses mörderischen Sommers, einem paralysierten Käfer gleich, dösend und reglos auf dem Bettsofa ihres verdunkelten Einzimmerappartements in der Nürnberger Südstadt verbracht und über das Leben im Allgemeinen und ihres im Besonderen sinniert. Draußen brüllte die nahe Landgrabenstraße wie ein tollwütiges Tier, kreischten die Straßenbahnen, wütete die Stadt.

Die Stadt, deren Rhythmus vom Fluss des Verkehrs bestimmt wird, vom Arbeitstakt der Berufstätigen, vom Schrillen der Werkssirenen, vom Geschrei der Schulkinder auf dem Pausenhof. Eine gigantische Trommel, die ein Wahnsinniger mit eisernem Schläger bearbeitet. Rudert, ihr Hunde! Rudert, um die Galeere des Lebens hart und schnell durch die trübe Gischt des Alltags zu peitschen. Menschen, die sich angiften. Menschen, die bereit sind, übereinander herzufallen, sich niederzutrampeln, zu hauen und zu stechen, nur um ein paar Krümel von einem bitteren Kuchen zu ergattern, der sie nicht satt macht, nur gieriger.

Ellas letzte aktive Begegnung mit dieser verhassten Welt lag zwar schon eine Weile zurück, verdaut war sie aber nicht. Man hatte sie in die Pfanne gehauen, sie hatte auch in ihrem zweiten Job als Privatermittlerin versagt. Genau wie in ihrem ersten bei der Kripo. Psychische Probleme – lachhaft! Wenn sie Probleme hatte, dann mit Bürokratie und Hierarchie, mit Duckmäusertum,

Mobbing und Postengeschacher. Mit selbstgerechten Vorgesetzten und lethargischen Untergebenen. Und das war nur die Spitze des Eisbergs. *Du hast ganz einfach was gegen die Realität, Ella.* So ein Spruch war typisch für Luigi, ihren früheren Partner beim KI. Kurz danach hatte er sich selbst von der Beamtenlaufbahn verabschiedet, um seinen eigenen Laden aufzumachen, der, zugegebenermaßen, um einiges besser lief als der ihre. Von Luigi hatte sie den Auftrag bekommen, – *Nichts Großes, bella Ella, das schaffst du in höchstens einer Woche* – der sie über Umwege nach Schönsee und schließlich zurück zu sich selbst bringen sollte.

Knappe vier Tage brauchte sie, um die Dame aus Fürth zu finden, die sich offensichtlich zusammen mit ihrem deutlich jüngeren Liebhaber im tschechischen Marienbad eine Wellnesskur gönnte. Die beiden saßen händchenhaltend auf der Terrasse des *Wiener Cafés*, vor sich zwei perlende Prosecco. Im Park zwitscherten die Vögel, die Nachmittagssonne warf, durch die dichten Kronen der Kastanien gefiltert, sepiafarbene Schatten auf die Szenerie und von der Kurhalle schwebten Geigenklänge herüber, als wären sie einzig dazu gedacht, dieses perfekte Idyll zu überzuckern. Ella hatte ein paar Fotos geschossen und sich dabei gefühlt wie ein mieser Paparazzo.

Wenig später bei einem eiskalten Budweiser in einer Bar an der Kolonnade nahm sie ihre Beute in Augenschein. Die Bilder waren gut geworden, gestochen scharf, eindeutig. Luigis Auftraggeber konnte zufrieden sein. Sie rief seine Mailadresse auf, tippte eine Notiz und schob die Bilder in den Anhang.

Wie alt mochte die Frau sein? Mitte, Ende fünfzig – auf jeden Fall in einer ähnlichen Altersklasse wie sie selbst. Wie sah ihr Alltag aus? Hatte sie Kinder? War sie Hausfrau? Hatte sie einen Beruf, der sie ausfüllte? War sie glücklich oder wenigstens zufrieden in ihrem ganz normalen Leben? So glücklich wie hier auf ihrer kleinen Flucht nach Marienbad? Ella sah ihr entspannt lächelndes Gesicht vor sich, die Hand, die sich in die Hand des Mannes an ihrer Seite schmiegte. Mit wenigen Klicks löschte sie erst die Mail an Luigi und anschließend die Fotos von der Speicherkarte ihres Smartphones.

Es sind die kleinen Siege über sich selbst, die winzigen Triumphe über die nur scheinbar eherne Geradlinigkeit des Schicksals, die einen Menschen mehr beflügeln als jeder äußerliche Erfolg und ihm für kurze Zeit die Kraft geben, über den Tellerrand seiner beschränkten Existenz hinaus in die Weite aller möglichen Möglichkeiten zu blicken. Ella hatte schon auf dem Weg zu ihrem alten Golf so etwas wie Übermut in sich aufsteigen gespürt und an einen Märchenreim gedacht: *Heinrich, der Wagen bricht! Nein, der Wagen ist es nicht. Es ist ein Band von meinem Herzen* – oder so ähnlich. War das aus dem *Froschkönig*? Egal, irgendein Eisenring war jedenfalls auch bei ihr geplatzt. Und das endlich wieder befreite Herz hatte mit einem Schlag Lust bekommen, in die Welt hineinzubeißen wie in einen saftigen Sommerapfel.

Luigi konnte sie mal.

Sie hatte sich gegen die Autobahn und für die Landstraße entschieden und war mit offenem Schiebedach und runtergekurbelten Scheiben auf gut Glück in den nach

Sonne und trockenem Gras duftenden Nachmittag hineingefahren. Ortschaften waren vorbeigerauscht. Planá, Bor und schließlich, kurz vor der Grenze zur Oberpfalz: Rozvadov. Ein Ort wie ein reglos in der Sonne kauerndes Reptil, das auf die Nacht wartet, um die Krallen aus dem Staub zu ziehen und auf die Jagd zu gehen. Wenn Rosvadov einmal eine ursprüngliche Geschichte gehabt haben sollte, war sie irgendwann durch eine neue, künstliche ersetzt worden.

In Neonbuchstaben wurde sie angepriesen, diese neue Welt der schnellen, billigen Sünden, der klebrigen Cocktails, der käuflichen Menschen. Hinter blinden Fenstern warteten *Models,* die gestern von ihren Eltern noch Markéta, Zuzana oder Milena gerufen wurden, sich jetzt aber Candy, Michelle und Ginger nannten und in Nächten lebten, die 24 Stunden dauerten. *Flatrategirls. Sex – all you can take.* Rudert, ihr Hunde, rudert!

Eine junge Frau in rotem Sommerkleid, einen Einkaufskorb in der einen, ein blasses Kind an der andern Hand, kreuzte die Straße. Sie sah aus wie ein Phantom, wie die Erinnerung an ein ganz normales, vermutlich beschauliches Leben, das es hier vor Ewigkeiten einmal gegeben haben mochte. Sie ging mit ihrem Jungen zu einem verwahrlosten Spielplatz. Schaukel, Wippe, Rutsche. Der Kleine rannte auf die Rutsche zu. Im Vorbeifahren registrierte Ella noch ein paar Lauchstangen, die aus dem Korb der Frau hervorlugten. Ganz grün und offenbar knackig frisch, als hätten sie mit all dem hier nicht das Geringste zu tun.

Am späten Nachmittag betrat Ella zum ersten Mal das Wirtshaus in Schönsee. Der Gastraum war vollkommen leer. Auf der schattigen Veranda hingegen debattierte eine Gruppe von Menschen, deren Kleidung und Habitus weder zur Gegend noch zu den Temperaturen passen wollten. Anzüge, Krawatten, Aktentaschen. Offenbar waren die Herrschaften wichtig. Ihr Gespräch drehte sich um Leerstand. *Leerstandsoffensive* – die grellen Plakate waren Ella schon unterwegs aufgefallen, nicht nur in Schönsee. Leerstehende Häuser waren offenbar überall ein akutes Problem in diesem Teil der Welt, während in anderen extremer Mangel an Wohnraum herrschte, der die Mieten in obszöne Höhen und die verzweifelten Wohnungssuchenden zu immer absurderen Strategien trieb. Ella bestellte ein Bier und ein Wiener Schnitzel. Dann war die Situation am Nebentisch gekippt.

In jeder Gruppe gibt es ein Alphatier, das, aus welchen Gründen auch immer, den Ton angibt. Ella musste eine Gruppe nur kurz anschauen, um zu erkennen, wie die Hierarchien gestrickt waren, wer in dem Rudel welche Rolle spielt, wer beißen darf und wer die Kehle zeigen muss. Der fette Kerl am Kopfende des Tisches war der Beißer. Der junge Schmächtige mit dem durchgeschwitzten hellblauen Hemd war ein Kehlezeiger.

Schweißperlen standen ihm auf der Stirn und die Arme hingen schlaff an seinem Körper herunter, während ihm der fette Rudelführer die Zähne ins Genick schlug. Wahrscheinlich war er der Assistent, auf jeden Fall ein Untergebener des widerlichen Dicken im Nadelstreifenanzug, der ihn lautstark vor versammelter Mannschaft herunterputzte. Der Rest der Runde schwieg, duckte sich, machte sich unsichtbar – nur nicht auffallen, nur nicht selbst zum Prellbock für den geifernden Zorn des Leitwolfs werden. Tischtuch anstarren, in der Aktentasche graben, Finger kneten. Die Hände des Schmächtigen zitterten, der ganze Mann schien von einem Beben erfasst, das er offensichtlich nur mit Mühe beherrschen konnte. Die Augen zu Boden gesenkt, ließ er den randvollen Kübel aus Gehässigkeiten still über sich ergehen. Als nichts mehr drin war im Kübel, brüllte der Dicke nach der Bedienung, zahlte, ließ sich die Quittung geben. Die Gruppe brach auf. Beim Rausgehen erhaschte Ella einen Blick des Jungen. Seine grauen Augen flackerten wie Windlichter. Dann war das schreckliche Gewitter vorbei und sie hätte in Ruhe essen können, aber der Appetit war ihr gründlich vergangen.

* * *

»Gell, da bei uns, da kann man sich wohlfühlen. Da weiß man doch, was man hat. Oder nicht?«

Die Wirtin der kleinen Pension war aus dem Nichts aufgetaucht und musterte sie mit strengen, eisblauen Augen, die an gefrorene Bergseen erinnerten. Ella hatte nach der ekelhaften Szene im Wirtshaus keinen Bissen mehr runtergebracht, war stattdessen wütend den Sandweg an der Ascha hoch- und wieder runtermarschiert, ohne jedoch von dem Bächlein, den am Ufer stehenden Weiden oder sonst irgendetwas Notiz zu nehmen. Kurzfristig hatte sie sogar überlegt, ihr Experiment Oberpfalz abzubrechen und nach Nürnberg zurückzukehren, sich dann aber gegen die stickige Großstadt und für die hübsche Pension am Bach entschieden.

»Ja, danke«, murmelte Ella und versuchte, sich an der Wirtin vorbei in ihr Zimmer zu schieben, was wegen beider Beleibtheit nicht ohne Weiteres bewerkstelligt werden konnte. Also presste sie noch ein »sehr hübsch hier« heraus und meinte, damit der Höflichkeit genüge getan zu haben. Ein Irrtum, denn die rosawangige, silbergelockte Frau, deren makellos weiße Kittelschürze nicht nur eine zweckdienliche Bekleidung für die Arbeit hinter der Verkaufsvitrine der hauseigenen Metzgerei, sondern eine angeborene Zweithaut zu sein schien, fixierte sie weiter mit bohrendem Blick.

»Man muss ja nicht immer um die halbe Welt reisen, gell? Man findet ja auch hier ein schönes Platzerl. Oder nicht?«

Ganz offensichtlich hatte sie es sich zur Lebensaufgabe gemacht, ihren Heimatort in die Köpfe seiner Besucher hineinzupressen wie Fleischbrät in eine Naturdarmhülle. Erst nachdem sie Ella noch in den Frühstücksraum gezogen hatte – *sagens nur immer rund heraus, was sie wollen, gell!* – und einen Blick in den prallgefüllten Kühlschrank der Metzgerei hatte werfen lassen – *schauens, eine schöne Leberwurst gibt es und eine gute Salami haben wir auch!* – durfte sie ihr Zimmer beziehen.

* * *

Das Nickerchen war kurz und nur mäßig erholsam gewesen. Außerdem hatte sie Hunger wie ein Wolf. Schlecht gelaunt schlenderte Ella über die Hauptstraße, die nun, bei Dunkelheit, ganz anders wirkte als bei Tag. Ein Schuhgeschäft, ein Kaufhaus, ein Edeka-Laden, eine Apotheke und – drei Metzgereien! Die Einwohner von Schönsee schienen sich hauptsächlich von Fleisch zu ernähren. Die Auswahl an Restaurants hingegen war überschaubar: Außer zwei Pizzerien, die beide schon geschlossen hatten, und zwei Bars, die nach allem, nur nicht nach fester Nahrung aussahen, blieb nur die Wirtschaft, in die sie heute schon einmal eingekehrt war. Noch während sie die Türklinke niederdrückte, schickte sie ein Stoßgebet gen Himmel, dass die Gruppe von vorhin nicht wieder auf der Terrasse hocken möge.

Sie hockte nicht. Die Atmosphäre war wie verwandelt. Keine Spur mehr von der peinlichen Szene, die sich hier abgespielt und die Luft verpestet hatte.

An einem Tisch saßen zwei Halbwüchsige und hielten Händchen, an einem anderen offenbar die Stammgäste – eine seltsame Runde. Eine ältere Dame mit einem sandfarbenen Hund, eine zweite Frau mit Wiener Dialekt, ein Herr, dessen Sprache sie für Russisch hielt, der sich dann aber als Oberpfälzer, genauer als Waldler, herausstellte und offenbar Johann hieß, ein weiterer Mann, der sich schweigend an einem Glas Cola festhielt, sowie ein Hüne in Karohemd, den sie für einen typischen Oberpfälzer gehalten hatte, dessen rollender Akzent jedoch eine östliche Herkunft vermuten ließ.

Die Wirtin lächelte Ella zu wie einer alten Bekannten, als sie ihr zum zweiten Mal am selben Tag ein Wiener Schnitzel servierte (das von vorhin hab ich Ihnen aufgehoben, gell. Ist doch schad, wenn's verkommt!). Und während Ella endlich das verdammte Tier von Hunger besänftigte, ohne sich sonderlich darüber zu wundern, warum die Wirtin so sicher hatte sein können, sie noch einmal zu sehen, lauschte sie den Gesprächsfetzen vom Stammtisch. Die Wienerin:

»Heast, des mit da Oabeit is a Schmäh. Die, wos ane ham, picken dran, wie die Fliagn an der Fliegnfalle, a wauns eh nua an Schaaß mochen, vo dems net lem kenna. Und die, wos kane ham, san a no neidig drauf.«

»Rrrecht hast«, sekundierte der Hüne, »Humankapital sind wirrr, sonst nix. Arrbeitsochsen, oder so was wie Johanns Legehennen.«

»I glaub, däi braucha uns goa niat. Däi ham ihre Maschina. Des glangt deana. Mir oabeitn, dass mir niat af dumme Gedanken kimma.«

Zustimmendes Gemurmel. Gläserklirren. Der sandfarbene Hund der älteren Dame inspizierte einen Nachtfalter, der sich, rücklings auf dem Boden liegend, wie betrunken ständig um die eigene Achse drehte.

Ella fühlte sich aufgehoben. An diesem ersten Abend in Schönsee genoss sie den Sommer. Zum ersten Mal in diesem Jahr. Zum ersten Mal seit einer Ewigkeit. Hier am Rande einer fremden und doch seltsam vertrauten Stammtischrunde, fühlte sie sich endlich wieder angekommen in der Welt. Als sie ging, prostete man ihr freundlich zu. »Nix los da bei uns, gell?« Sie zuckte mit den Schultern, lächelte freundlich und wünschte allen eine gute Nacht.

* * *

Beim Einschlafen, eingelullt in das leise Plätschern der Ascha vor ihrem Fenster, waren ihr der fette Beißer von der Leerstandsoffensive und sein schmächtiger Prügelknabe noch einmal durchs Hirn gegeistert. Und Rozvadov. Die menschenleere Straße vor einem staubbleichen, flirrenden Horizont. Schmutziggraue Häuser mit Fenstern so schmal wie Schießscharten. Neonbotschaften, die vergeblich versuchen, gegen die gnadenlose Sonne anzuleuchten. Schale Versprechen, die auf dampfenden Asphalt tropfen. Menschen, die verramscht werden. Eine Frau stelzt auf weißen Lackstiefeln durch die Lachen aus totem Licht. Enges, rotes Minikleid. Die kurzen, blondgesträhnten Haare vom Kopf abstehend wie der Strahlenkranz einer schäbigen Lady Liberty. Sie wendet sich nach links, dorthin, wo eine schiefe Wippe, ein blatternarbiges Schaukelgerüst auf Kinder warten. Die Frau, selbst fast noch ein Kind, setzt sich auf die Schaukel, schwingt vor und zurück. Ihre hohen Absätze kratzen Furchen in die ausgedörrte Erde. Ein Hund springt aus dem Gebüsch. Groß. Dunkel. Die Zunge hängt ihm aus dem Maul. Er bleibt vor ihr sitzen, starrt sie aus Kohleaugen an. Geifer fließt. Er duckt sich wie zum Sprung, entblößt scharfe, gelbe Zähne, knurrt, ...

Ella schreckte hoch, bereit, dem Biest an die Gurgel zu springen. Freundliche Helligkeit umgab sie. Sanft bauschte der frische Morgenwind die Vorhänge, alles war so friedlich wie in einer Postkartenidylle. Kein Riesenköter, keine Schaukel, keine Frau in rotem Minikleid. Nur das verdammte Knurren war mit dem Aufwachen nicht verschwunden. Es war ein tiefes, unheilvolles Knurren, das sie nur allzu gut kannte! Zeit für Wirtin, Frühstücksraum und Wursttheke. So begann Ellas zweiter Tag in Schönsee.

Nach dem Frühstück – die Pensionswirtin hatte es sich nicht nehmen lassen, Ella neben einer üppigen Wurstauswahl die kulturellen und landschaftlichen Vorzüge der Gegend zu servieren – hatte sie sich erst eine Eintrittskarte für das »Pascherspiel«, das wärmstens angepriesene jährliche Theaterevent im Schönseer Land, sowie einen Badeanzug und einen Plan der Umgebung im Kaufhaus an der Hauptstraße besorgt. Dann hatte sie folgsam das Centrum Bavaria Bohemia auf der anderen Seite der Ascha besichtigt.

— *Das müssen Sie sich schon einmal anschauen, gell! Das ist etwas ganz Besonderes.*

Die laufende Ausstellung hatte Ella schwer irritiert. Es ging irgendwie um die Stadt Pilsen und neben anderem um Gemüsebrühe, in der Buchstabennudeln schwammen und laut Infotext die ersten Zeilen der tschechischen Nationalhymne ergaben. Sehr sonderbar. Kunst eben.

* * *

Den ersten Teil des Nachmittags verbrachte sie am beinahe menschenleeren Silbersee. Gegen vier fuhr sie zurück nach Schönsee, dann weiter nach Friedrichshäng und machte von dort aus eine kleine Wanderung ins tschechische Pleš, einem Weiler, der aus kaum mehr als einem Wirtshaus besteht. An Plöß, die ehemals deutsche Siedlung, die sich hier einmal befunden hatte, erinnerten nur noch Mauerreste und eine Infotafel. Krieg ist ein grausam gefräßiges Tier.

Man servierte ihr ein herrlich frisches Bier. Die Wurst, die sie sich dazu bestellt hatte, schmeckte hingegen wie eine alte Spülbürste und hieß auch so ähnlich. Ein älterer Herr erzählte von der Bügellohe, einem nahen Ort, mitten im Wald, in dem er aufgewachsen war. Nur fürs Pascherspiel, das vom Leben auf der Bügellohe erzählt, sei er aus München angereist, nur um sich noch einmal an die Jahre im Wald zu erinnern. Heute sei von der Siedlung kaum noch etwas übrig, aber damals sei die

Bügellohe ein Paradies gewesen, trotz aller Entbehrungen. Strom gab es keinen und das Wasser musste aus dem Bach geholt werden. Sommers wie winters mussten die Kinder acht Kilometer durch den Wald stapfen – vier Kilometer hin zur Schule, vier zurück. Hart war es gewesen, das Leben. Aber immer habe es Musik gegeben auf der Böichelou. Musik, Freiheit und vor allem Zeit – viel Zeit.

* * *

Der Beginn der Vorstellung verzögerte sich etwas, man raunte, es liege an Rosas Kondition. Ellas Vermutung, dass es sich bei Rosa um den bürgerlichen Namen der tschechischen Hauptdarstellerin handeln könnte, wurde erst in dem Moment korrigiert, als eine cremefarbene Kuh, der man ein Hirschgeweih auf den Kopf montiert hatte, mit stürmischem Applaus begrüßt wurde. Rosa, der heimliche Star des Pascherspiels und für ein Rindvieh überaus betagt, hatte den steilen Weg vom heimischen Stall in Friedrichshäng hinauf zum Eulenberg auch in diesem Jahr wieder geschafft.

Das ganze Heimatspiel, an dem scheinbar die komplette Bevölkerung des Schönseer Landes beteiligt war, wirkte auf altmodische Art beschaulich. Ein wohltuender Kontrast zur Eventkultur der Großstadt. Auf der Freilichtbühne mitten im Wald Gestalten wie aus einer anderen, einer harmloseren Welt. Eine Geschichte von Schmugglern und Schmugglerpfaden, Feiern und Abenteuer, Liebe und Eifersucht. Nichts von Drogendealern, Bandenkriegen, Zwangsprostitution und der ganzen eisigen Realität der Gegenwart.

Nach der Pause, Ella hatte sich eine Pascherwurst zu Gemüte geführt, die sich geschmacklich deutlich von der in Plöß unterschied, war es dunkel geworden. Vor ihr auf der Holzbank prangte ein fetter Rücken im gestärkten Hemd, auf dem sich eine Mücke niedergelassen hatte. Den Reflex, die Mücke zu verjagen, hatte Ella in dem Augenblick gestoppt, als sie erkannte, um wessen Rücken es sich handelte. Der Chef hatte sein Rudel um sich geschart, wie es einem echten Rudelführer gebührt. Soweit Ella erkennen konnte, war die Leerstandsoffensive komplett vertreten. Nur der Kehlezeiger fehlte, vielleicht hatte er Hausarrest.

Ein Lied wurde gesungen, die Geschichte von Wanka (dem Louder) und Adam weitererzählt. Liebe und Feigheit. Liebe und Verrat. Und über allem das Zirpen der Grillen und das ferne Rumoren eines Sommergewitters. Ein Koloss von einem Pferd erschien auf der Lichtung – nie in ihrem Leben hatte Ella ein so großes Pferd gesehen. Ein Mann in altmodischer Uniform, der es reitet. Hufe, die den trockenen Waldboden aufreißen, ein Gewehr, das plötzlich hochgerissen wird, Gejagte, die flüchten, sich verstecken wollen – dann ... ein Schuss. Laut, dröhnend, erschreckend. Auf der Bühne, im harmlosen Spiel, hat die Harmlosigkeit ein jähes Ende gefunden. Erste Regentropfen fallen aus pechschwarzem Himmel und schräg oben auf der Holzbank, ein paar Reihen über Ella, bricht eine Frau zusammen.

* * *

Es brauchte eine Weile, bis man auf dem Eulenberg realisierte, was geschehen war. Der Tumult, der dann ausbrach, war unbeschreiblich. Schreie gellten, Menschen sprangen von ihren Plätzen auf und rannten in blinder Panik los, stolperten die Holztribüne hinunter, rissen andere mit. Kinder schrien, Pferde wieherten und gingen durch. Es dauerte eine Ewigkeit, bis sich die Sanitäter einen Weg zu dem Opfer gebahnt hatten. Die Frau hätte aber wohl auch nicht überlebt, wenn sie es früher zu ihr geschafft hätten. Der Schuss hatte ihren Kopf mit tödlicher Präzision getroffen. Das jedenfalls behaupteten die Zeitungen, die lokalen wie die überregionalen, zwei Tage später.

Wohl selten in der Geschichte von Schönsee waren an einem Tag so viele *Süddeutsche, Bild* und *Münchner Abendzeitungen* verkauft worden wie an dem Montag nach der Premiere des Pascherspiels. Alle berichteten, mal mehr, mal weniger sachlich, über die schreckliche Tragödie, die sich auf dem Eulenberg abgespielt hatte. Fernseh- und Rundfunkteams liefen durch die Straßen, Reporter hielten jedem, der meinte, etwas über den Mord sagen zu können, ein Mikrofon unter die Nase – auch der lokalen Polit- und Wirtschaftsprominenz. Jeder kam zu Wort: der Altbürgermeister, die amtierende Bürgermeisterin, ein Wurstfabrikant, der Pfarrer, der Apotheker, die beiden Landärzte, obwohl keiner von beiden am Premierenabend dabei gewesen war. Natürlich gab auch der Dicke von der Leerstandsoffensive seinen Senf ab zu dem »tragischen Zwischenfall«, der das Engagement seiner Arbeitsgruppe damit ganz nebenbei ungemein aufwertete. Doch nicht nur die Leerstandsoffensive, ganz Schönsee schien für kurze Zeit in den Fokus des überregionalen Interesses gerückt zu sein.

Schnell wurde auch bekannt, dass es sich bei dem Opfer um eine Tschechin aus Železná, unweit von Eslarn handelte. »Das schreckliche Ende der Milena S.« hatte die *Bild* getitelt und nicht vergessen darauf hinzuweisen, dass es sich bei der »blutjungen Schönen« um eine Prostituierte handelte. Man hatte sogar ein Foto aufgetrieben, das sie aufreizend lächelnd in einer Lackkorsage zeigte.

»Gibt viele Orrte hierr wie den«, meinte der Hüne am Stammtisch, zu dessen Runde Ella zwischenzeitlich nun auch irgendwie gehörte, als sie von ihrem Besuch in Železná und der Ähnlichkeit zu Rozvadov erzählte. »Sind arrme Schweine, die da leben.«

»Vor allem die Madeln«, ergänzte die Wienerin leise, »weils nix wert san für die Orschlöcher.«

* * *

Wovon Ella nicht erzählt hatte, war das überaus interessante Gespräch, das sie in Železná mit zwei ehemaligen Kollegen der Toten führen konnte. Auch nichts von dem Telefonat mit der Polizeidienststelle in Regensburg, das sie noch von Tschechien aus geführt hatte. In der Oberpfalz lernt man schnell, was vornehme Zurückhaltung bedeutet, falls man es vorher noch nicht wusste. Ella kannte sich mit Zurückhaltung bestens aus, weshalb sie es auch vorgezogen hatte, am Telefon ihren Namen zu verschweigen. Die Information allein musste genügen. Und das tat sie. Sicher, sowohl von deutscher wie auch von tschechischer Seite hatte man ebenfalls an Milenas ehemaligem Arbeitsplatz ermittelt, nur hätte die Fahndung nach dem *unbekannten Deutschen*, der kurz vor ihrem Tod in Rozvadov aufgetaucht war, nicht zwangsläufig, auf keinen Fall aber so schnell, zum Ziel geführt. Ella hingegen brauchte nur eins und eins zusammenzuzählen. Aufgrund ihres Hinweises war ein junger Mann zum Mord am Eulenberg befragt worden, der kurz darauf auch zusammenbrach und gestand. Es war der schmächtige Kerl von der Leerstandsoffensive, der Prügelknabe des Dicken, den Ella durch die Beschreibung der beiden tschechischen Prostituierten sowie durch deren Erwähnung eines äußerst merkwürdigen Auftrags erkannt hatte. Milena sollte nicht für 50,– Euro mit ihm schlafen, sondern für 150,– Euro lediglich in ein Theaterstück gehen, würde abgeholt und angeblich auch wieder zurückgebracht werden. Sie wären sogar ein bisschen neidisch auf die Milena gewesen, meinte eine der beiden – *wäre gewäsän leicht verdiente Geld, oder nicht?*

* * *

Über die Gründe für den Mord erfuhr Ella Tage später auf der Terrasse des Lindauer Wirtes aus der Zeitung. Sie deckten sich weitestgehend mit ihren Vermutungen, ließen sie schwarz auf weiß aber doch zusammenzucken. Er habe sich eben was einfallen lassen müssen, um die Offensive bekannter zu machen. Habe keine Wahl gehabt. Wäre gefeuert worden. Mit seiner lapidaren Antwort auf die Frage des Ermittlungsrichters, ob das denn wirklich ein Menschenleben wert sei, war der Artikel übertitelt. In Anführungszeichen stand da:

»Nur eine Hure«

Es war doch nur eine Hure! Ella legte die Zeitung weg und schaute in die rotglühende Abendsonne. Die Vögel zwitscherten und auf dem Plastiktischtuch summten ein paar Fliegen. Eine lag auf dem Rücken und drehte sich wie verrückt im Kreis. Sonst war alles vollkommen friedlich.

Kalt ist's

Draußen stieben die Flocken durch den Nachthimmel, verschleiern den Blick auf das gegenüberliegende Haus und dämpfen das ohnehin schon spärliche Glimmen der Straßenlaterne, das gerade noch bis vor das Fenster im zweiten Stock reicht. Trotz des Wetters und der jüngsten Ereignisse höre ich unten in der Gasse jemanden grölen, kurz darauf erklingt das hysterisch-betrunkene Kichern einer Frau: Partygänger, die sich wie jede Woche ab Donnerstag in den zahlreichen Bars der Regensburger Altstadt vergnügen – oder eben davor, wenn ihnen das strikte bayerische Rauchverbot wieder einmal einen Strich durch die Rechnung macht.

Aus der Küche dringt zwischen dem Klappern von Tellern und Besteck Gregors leises Fluchen, wie immer, wenn die Feierwütigen vergessen, dass in den Gassen der Innenstadt Leute wohnen. Leute, die unverschämterweise nachts schlafen wollen.

Das ist aber auch der einzige Nachteil unserer geräumigen Altstadtwohnung mit den hohen Stuckdecken und dunklen Parkettböden. Neben der horrenden Miete natürlich.

Ich ziehe die Wolldecke enger um meine Beine, schiebe die Füße noch ein Stück weiter unter Mareks flauschiges Fell und zünde mir genüsslich eine Zigarette an. Was bin ich froh, dass es mich heute nicht mehr nach draußen verschlägt! Es sind genug Kollegen von der Streife unterwegs, die die Augen offen halten;

ich muss heute nicht in der Kälte nach dem Mörder suchen.

Weniger froh bin ich über die aufgeklappte Akte, die auf meinem Schoß liegt. Aber es hilft nichts. Seufzend senke ich den Blick, obwohl die Zeilen schon vor meinen Augen verschwimmen. Nach wochenlanger ergebnisloser Mehrarbeit fällt es mir schwer, mich zu konzentrieren.

Marek schnurrt, öffnet träge sein linkes Auge, mustert mich skeptisch und wendet dann den Kopf ab. Eingebildeter Kater.

Ich blättere unmotiviert um und fixiere nicht zum ersten Mal am heutigen Tag die Bilder des jüngsten Opfers.

Es war vorgestern geschehen.

Amelia Wagner hatte ihr Büro erst gegen neun Uhr abends verlassen, was – den Aussagen ihrer Kollegen zufolge – jedoch recht häufig vorkam. Danach hatte sie sich in einem Café am Dachauplatz mit einer Freundin ein Glas Wein gegönnt und sich schließlich allein auf den Heimweg gemacht. Doch besonders weit war sie nicht gekommen.

Eine alte Dame, auf dem Weg zu ihrer persönlichen Andacht, fand sie am nächsten Morgen in einer der Außennischen des Doms, in denen sich im Sommer die Müßiggänger scharenweise vor der Sonne schützen.

Für den gotischen Dom mit seinen beiden imposanten Türmen, die die Stadt beherrschen, hatte ich an diesem frostigen Morgen jedoch kaum einen Blick übrig; zu gebannt fixierte ich das Opfer und erkannte sofort die nun schon hinlänglich bekannte Handschrift: Ein mit brachialer Gewalt gebrochenes Genick, eine mit starrem

Blick gen Himmel abgelegte Leiche, Kleidung und mit-geführtes Hab und Gut vollständig und unversehrt. Keine offensichtlichen Indizien, Fußspuren ohnehin nicht – die Nische war vor Schnee geschützt. Wie üblich hatte der Täter mitgedacht.

Ich beugte mich über die Leiche, während die Kolle-gen von der Spurensicherung um uns herumwuselten. Amelia Wagners langes rotes Haar umkränzte ihren Kopf und bildete einen reizvollen Kontrast zu dem schwarzen, kurz geschnittenen Wintermantel und dem anthrazitfarbenen Bleistiftrock, der ihre Oberschenkel verhüllte. Wieder einmal dankte ich Gott dafür, dass mir als Kripo-Beamtin der sogenannte Business-Look erspart blieb. Jeans waren doch weitaus bequemer.

»Ich kapier' das einfach nicht«, stellte ich nicht zum ersten Mal fest und warf meinem Partner Helmut einen ratlosen Blick zu. »Er raubt die Opfer nicht aus, er ver-geht sich nicht an ihnen, er quält und misshandelt sie nicht. Was will dieser Kerl?«

»Einfach nur töten«, brummte Helmut finster und fixierte das Gesicht der Frau, als wartete er darauf, dass sie ihm doch noch Auskünfte darüber erteilte, wer ihr das angetan und ihrem viel zu jungen Leben ein Ende bereitet hatte.

»Wohl schon wieder so eine Karrierefrau.« Ich deu-tete auf Amelia Wagners Laptop, der neben ihren Knien an ihrer überdimensionalen Handtasche lehnte.

Helmut antwortete nur mit einem missmutigen Nicken. Seit seine Frau Rita vor drei Jahren aus Karriere-gründen nach Norddeutschland gegangen war, stand er Frauen mit großem beruflichen Ehrgeiz ein wenig skep-tisch gegenüber. Dass hinter ihrem Aufbruch nicht nur ein neuer Job, sondern auch ein anderer Mann gesteckt hatte, blendete er nach wie vor aus.

Als ich das Geräusch eilig herannahender Schritte hörte, drehte ich mich um. Oh nein, uns blieb aber auch wirklich nichts erspart. Fritz Kühn. Der rasende Sensationsreporter vom Dienst, der sich einfach nicht abschütteln ließ. Wie hatte er bloß so schnell von diesem neuesten Mordfall erfahren?

Er eilte uns mit gezückter Kamera entgegen, und ich sprintete wütend auf ihn zu. »Nichts da, Kühn! Zieh Leine! Das hier ist ein abgesperrter Tatort!« Ungeduldig wedelte ich mit den Händen. »Du hast die Nummer der Pressestelle.«

»Ich hab' aber gern ein paar Infos, bevor die Konkurrenz sie bekommt«, antwortete er und verzog seine schmalen Lippen zu einem halb listigen, halb bittenden Lächeln.

»Vergiss es«, antwortete ich schroff. »Du hast uns schon genug Ärger eingebrockt. Und jetzt verschwinde endlich!«

»Wieder eine Dame der Lokalprominenz?«, fragte er. »Und hat er ihr auch das Genick gebrochen? Wie alt ist sie?«

Als zwei Kollegen von der Streife ihn endlich packten und wegführten, ging ich wieder zurück zu Helmut … und Amelia Wagner. Zweiunddreißig Jahre. Beileibe kein Alter zum Sterben.

Das Scheppern der Geschirrspülertür reißt mich aus meinen Gedanken. Gregors Schritte lassen den alten Dielenboden knarren, und als sich der Türspalt etwas weiter öffnet und er hereinlugt, lächle ich völlig automatisch.

»Magst du noch einen Tee, Schatz?«, fragt er.

Ich nicke wortlos. Im Laufe der Jahre hat mein Mann ein gutes Gespür dafür entwickelt, wann ich ihn und seine Fürsorge brauche. Ein heißer Tee wird mir jetzt helfen, meine Gedanken zu sortieren und so vielleicht doch noch eine Spur zu entdecken, die wir bislang übersehen haben.

Gregor wirft mir einen aufmunternden Blick zu, nickt und macht auf dem Absatz kehrt, ich schlage die Akte zu. Die Bilder und Daten der anderen beiden Opfer kenne ich schließlich zur Genüge.

»Ach Marek«, seufze ich, und Marek schnurrt verständnisvoll. Angefangen hat alles mit Lisa Schmidt, vor vier Wochen und zwei Tagen. Damals ahnten wir noch nicht, was uns blühen würde, wie diese Verbrechen die ganze Stadt in Aufruhr versetzen würden, wie die Medien, allen voran Fritz Kühn, die Angst schüren und die Bevölkerung gegen die ach so unfähige Polizei aufbringen würden. Erst heute hat das auflagenstärkste Lokalblatt wieder getitelt: »Frauenkiller bricht der Regensburger Polizei das Genick!«

Als wäre es das Wichtigste, uns dafür zur Verantwortung zu ziehen. Als ginge es nicht vielmehr darum, die Bevölkerung eindringlich zu warnen und die Polizei zu unterstützen!

Ja, angefangen hatte alles mit Lisa Schmidt. Sechsunddreißig Jahre jung, blond und schlank, sehr attraktiv.

Sie lag hinter einer der Buden am Christkindlmarkt, wo sich nur Stunden später wieder die Einheimischen und Touristen drängen würden, um sich mit den begehrten »Knackersemmeln mit allem« den Bauch vollzuschlagen und die – wegen der arg lauten Musik meist leider nicht allzu besinnliche – Vorweihnachtsstimmung zu genießen.

Die völlig aufgelöste Glühweinverkäuferin, die am Vormittag zu Dienstbeginn im wahrsten Sinne des Wortes über Lisa Schmidt gestolpert war, stand apathisch vor uns und wiederholte unentwegt: »Das arme Mädel ... Das arme Mädel ... Das arme ...« Mit zitternden Händen schenkte sie sich Glühwein in eine Tasse, was Helmut und mir Zeit ließ, Fritz Kühn, wie üblich mit der Kamera im Anschlag, mit harschen Worten zu vertreiben. Nicht zum ersten Mal beschlich mich der Verdacht, dass Kühn sich längst heimlichen Zugang zum Polizeifunk verschafft hatte.

Nach der zweiten Tasse Glühwein war die Verkäuferin zwar weitaus ruhiger, dafür aber umso erpichter darauf, uns ihre Spekulationen zum Tathergang mitzuteilen, sodass wir den Tatort zügig verließen.

Natürlich vermuteten wir zunächst eine Beziehungstat – bis wir feststellten, dass Beziehungen im Leben von Lisa Schmidt nur eine untergeordnete Rolle gespielt hatten. Sie war Geschäftsführerin einer aufstrebenden IT-Firma gewesen, der neben dem regelmäßigen Work-out im Fitnessstudio ihr einziges Interesse galt. Ein tristes Leben, stellte ich mir vor. Dabei sollte mein Job in den nächsten Wochen ähnlich vereinnahmend werden.

Die Bürotür knarrt, als Gregor auf Zehenspitzen mit einer dampfenden Tasse Darjeeling hereintappt. Er reicht mir die Tasse, und ich inhaliere das tröstliche Aroma und lehne mich mit geschlossenen Augen zurück.

Gregor setzt sich auf meinen Schreibtisch und streicht

zärtlich über meine Hand. »Meinst du nicht, dass du dir wenigstens am Abend ein bisschen Ruhe gönnen solltest? Dieser Fall verschlingt dich noch mit Haut und Haar ...«, sagt er. »Ich mache mir Sorgen um dich.«

Ich mag seine warme Stimme, auch wenn der leise Vorwurf, der im Moment in ihr liegt, nicht zu überhören ist. Vielleicht höre den aber auch nur ich, weil ich mir schließlich selbst schon Vorwürfe mache. Seufzend schüttle ich den Kopf. Leider kann ich zurzeit meinen Feierabend so oder so nicht genießen.

Er nickt, steht auf und lächelt nachsichtig. Dann geht er aus meinem Büro, zieht die Tür hinter sich zu und lässt mich mit meinem schlechten Gewissen allein.

Marek faucht, und ich schrecke auf. »Hast ja recht, Katerchen. Ich muss mich endlich konzentrieren.« Schon schnurrt er wieder, und ich grinse trotz aller Widrigkeiten. Dieser Kater ist so schlau, dass es manchmal fast unheimlich ist. »Was meinst du, Marek? Was haben wir übersehen?«

Jetzt ignoriert er mich. Hilft also nichts, muss ich wohl meine eigenen kleinen grauen Zellen bemühen.

Ich nehme einen Schluck Tee, schlage die Akte wieder auf und blättere zu den Fotos von Dr. Susanne Mahler.

Dieser Mord, zwei Wochen nach dem ersten, war natürlich eine besondere Sensation für die Presse gewesen!

Klick. Klick. Klick. Kühns Fotoapparat lief heiß, bevor ich mich überhaupt zu ihm umdrehen konnte.

»Oh, das ist gut ...«, sagte er mit einem zufriedenen Grinsen. »Eine stadtbekannte Politikerin! Das wird der Artikel des Jahres!«

»Du würdest für eine gute Story wirklich alles tun, Kühn, oder?« Die Verachtung in meiner Stimme erreichte ihn augenscheinlich nicht.

Mit einem süffisanten Blick zuckte er die Achseln. »Das ist mein Job. Und ihr solltet euch um euren kümmern, oder? Wenn ich nicht irre, ist in unserer schönen Stadt gerade ein Serienmörder auf freiem Fuß.« Mit einem lässigen Winken verschwand er.

Helmut und ich tauschten einen frustrierten Blick. Uns war klar, was wir in den kommenden Tagen von der Presse zu erwarten hatten.

Dr. Susanne Mahler war eine aufstrebende Jungstadträtin gewesen, bekannt dafür, ihre politischen Gegner mit Kalkül auszuschalten. Hochintelligent, zielstrebig – und umringt von politischen Feinden, denen sie allesamt den Schneid abgekauft hatte ... Und jetzt lag sie mit gebrochenem Genick am Donauufer, direkt unter dem Brückenbogen der Steinernen, wo Spaziergänger mit einem wie verrückt anschlagenden Hund sie gefunden hatten. Natürlich ermittelten wir ab diesem Zeitpunkt auch in den Kreisen der Regensburger Kommunalpolitik, aber das pietätvolle, wenn auch verhaltene Bedauern in den feindlichen Parteien und das Entsetzen in Dr. Mahlers eigenen Reihen brachten uns nicht weiter. Und einen Zusammenhang zur politisch völlig desinteressierten Lisa Schmidt gab es ohnehin nicht.

»Wo ist die Parallele, Marek?«, frage ich entnervt und starre auf die Nahaufnahme von Dr. Mahlers von schwarzen Locken umrahmtem Gesicht.

Marek legt gelangweilt seinen Kopf ab, stattdessen klingelt mein Handy. Der schrille Ton hallt in meinen

Ohren. Zum wiederholten Male nehme ich mir vor, ihn endlich zu ändern. Heute erscheint mir das Gebimmel noch aggressiver und aufdringlicher als sonst, aber das liegt wohl einfach an meinen angeschlagenen Nerven.

Helmut. So spät noch. Dieser Fall lässt ihn natürlich auch nicht zur Ruhe kommen, er zehrt sogar so an ihm, dass er schon vier Kilo abgenommen hat. Innerhalb von vier Wochen! Dabei ist er seit Ritas Weggang ohnehin ziemlich hager.

»Die Wagner war übrigens auch Kundin in unserem Fitnessstudio, genau wie die Schmidt«, dröhnt mir seine Stimme entgegen. Grußlos, aber momentan ist einfach keine Zeit für Höflichkeiten.

»Und die Mahler?«, frage ich.

»Fehlanzeige. Aber vielleicht ...«

In Gedanken winke ich schon ab. Die Zahl der Regensburger Fitnessstudios ist begrenzt, diese Übereinstimmung also nicht außergewöhnlich. Im Übrigen sind auch Helmut, Gregor und ich dort angemeldet und zahlen monatlich brav unsere Beiträge, ohne das umfassende Triez- und Quälangebot je zu nutzen.

»Wir sollten trotzdem überprüfen, welche Regensburger Politiker sich dort noch so tummeln«, fügt Helmut hinzu. »Vielleicht ist das ja der Zusammenhang: Der Täter kennt die Mahler beruflich, die beiden anderen karrieregeilen Miezen hat er im Fitnessstudio aufgegabelt. Vielleicht haben sie ihn abblitzen lassen, weil ihnen ihre Karriere wichtiger ist, oder ...« Er verstummt.

»Du hast völlig recht, dieser Sache sollten wir nachgehen. Wir sind schließlich mittlerweile verzweifelt genug für wilde Spekulationen«, antworte ich spröde und lege auf.

Marek schnurrt wieder, wälzt sich wohlig auf meinen Füßen und verteilt so die Wärme, die von ihm ausgeht. Ja, so mag ich das. Braves Katerchen. Trotzdem habe ich das Gefühl, dass mir gar nicht mehr richtig warm wird, schon seit ein paar Tagen. Es fühlt sich an, als wären meine Knochen gefroren und nichts dazu in der Lage, bis zu ihnen vorzudringen und sie zu erwärmen. Kein heißes Bad, kein Tee, kein lodernder Kamin, kein Kater. Ich weiß nicht, ob das an dieser fürchterlichen Kälte oder doch nur an unserem aussichtslosen Fall liegt.

Vom Flur höre ich Gregors Schritte, die schon wieder über den Parkettboden tappen. Unten in der Gasse brüllt ein Betrunkener, dass es von den Wänden der schmalen Stadthäuser widerhallt. »Die Weiber sind an allem schuld!«, schreit er. Genervt verdrehe ich die Augen. Wie soll ich mich hier konzentrieren, wenn ich ständig abwechselnd von Marek, meinem Mann, dem Telefon und den Irren aus den Bars da unten gestört werde?

Schon macht jemand – nicht minder lautstark – den Frauenhasser in der Gasse zur Schnecke, und tatsächlich: Es hilft, der Idiot verstummt. Ich atme auf – bis es leise an der Tür klopft.

Gregors Kopf erscheint bis zur Hälfte im Türspalt. »Darf ich noch mal kurz reinkommen?«

»Bist du doch schon fast«, antworte ich, schicke aber ein milderndes Lächeln hinterher.

»Vielleicht kann ich dir ja helfen?« Wieder lässt er sich auf meinem Schreibtisch nieder.

Wie üblich befinde ich mich im Widerstreit zwischen der Vorgabe, nicht über laufende Ermittlungen zu sprechen, und der Tatsache, dass es mich oftmals tatsächlich weiterbringt, mit Gregor zu reden. Und so schildere ich ihm alles, was ich in den letzten Wochen für mich behalten habe: die unzähligen Sackgassen und Vernehmungen, meinen Ärger über Fritz Kühn, Helmuts ungewöhnliche Ratlosigkeit. Gregor unterbricht mich nicht, und als ich geendet habe, sehe ich ihn hoffnungsvoll an.

»Es muss jemanden geben, der von diesen Morden profitiert«, sagt Gregor schließlich und legt die Stirn grüblerisch in Falten.

»Wer?«

Er zuckt die Achseln und schmunzelt über meine Ungeduld. »Man müsste ...«, fügt er dann unentschlossen hinzu, verstummt aber sofort wieder.

Schade. Irgendwie habe ich gehofft, er würde mir die Lösung auf dem Silbertablett präsentieren.

»Du musst verstehen«, fährt er endlich fort und klopft mit den Fingerkuppen auf die Schreibtischplatte, »was den Mörder antreibt.«

»Und eben das ist uns allen ein Rätsel«, antworte ich mit Grabesstimme.

»Ich dreh' noch eine Runde und denke darüber nach«, sagt er und erhebt sich halb vom Schreibtisch. »Versprochen.«

»Aber untersteh dich, ohne des Rätsels Lösung nach Hause zu kommen.« Ich erwidere seinen Kuss und füge hinzu: »Und sei vorsichtig.«

Mir ist zurzeit wirklich nicht wohl dabei, wenn er spätabends noch das Haus verlässt. Andererseits kommen ihm an der frischen Luft die besten Ideen, das war schließlich schon immer so. Sofort fällt mir ein, wie er damals, mit von der Kälte gerötetem Gesicht, freudestrahlend nach Hause gekommen ist und mir voller Enthusiasmus von seiner neuen Geschäftsidee berichtet hat. Dabei hatte er erst zwei Wochen zuvor seinen Job als Prokurist eines großen Bauunternehmens verloren. Auch den Entschluss, mir einen Antrag zu machen, hat er auf einem seiner Spaziergänge gefasst. Und den perfekten Bepflanzungsplan für unsere leider etwas schmal geratene Dachterrasse ausgeklügelt.

Außerdem ist unser Mörder auf junge Frauen spezialisiert, beruhige ich mich nicht zum ersten Mal selbst, und winke Gregor nach, als er die Bürotür hinter sich schließt.

Und wenn der Mörder seinem Muster treu bleibt, ziehen jetzt sowieso erst wieder zwei Wochen ins Land, bevor er das nächste Mal zuschlägt. Benötigt er diese Zeit, um ein geeignetes Opfer zu suchen und dessen Gewohnheiten auszuspähen? Gut möglich. Aber außer ein bisschen Zeit bringt mir diese Vermutung im Augenblick leider keinerlei Vorteil.

Wieso tappen wir Idioten immer noch im Dunkeln, verdammter Mist! Marek faucht, als ich mit der flachen Hand auf den Schreibtisch schlage, und maunzt widerwillig, als ich die Füße unter seinem Bauch hervorziehe und zum Fenster gehe.

Das Schneetreiben hat nachgelassen, die Gasse ist endlich leer, das Telefon stumm, Gregor ist weg. Ich habe keine Ausrede mehr, weshalb ich mich nicht konzentrieren kann. Nur das mulmige Gefühl in meinem Bauch. »Zählt nicht – oder wie siehst du das, Marek?«

Wahrscheinlich hat Gregor recht: Ich muss verstehen, was den Mörder antreibt! Wenn ich nur in den Kopf dieses Ungeheuers sehen könnte!

Wie wählt er seine Opfer aus? Warum müssen es immer junge, attraktive Frauen sein, ehrgeizig und beruflich erfolgreich, deren Tod erfahrungsgemäß auch noch das größte öffentliche Interesse erregt? Und das, wo der Mörder doch eindeutig kein sexuelles Motiv verfolgt! Wer profitiert davon?

Moment. Vielleicht ist es genau das: das größte öffentliche Interesse ... Sofort ersteht Fritz Kühns listige Visage vor meinem inneren Auge. Ich höre mich selbst wieder fragen: »Du würdest für eine gute Story wirklich alles tun, oder?« Sehe sein Achselzucken. Bedeutete das »Ja, genau das würde ich«?

Vielleicht hat er es gar nicht nötig, den Polizeifunk abzuhören. Vielleicht weiß er deshalb so frühzeitig über die Fundorte der Opfer Bescheid, weil er sie selbst dort ablegt? »Marek, was meinst du? Der Kühn, kann das sein?«

Marek meint natürlich gar nichts. Vielleicht ist der Gedanke aber auch zu absurd: drei Morde, nur um der eigenen Journalistenkarriere auf die Sprünge zu helfen. Trotzdem verstärkt sich das mulmige Gefühl in meinem Bauch. Oder bin ich etwa voreingenommen? Gerät Kühn nur deshalb in mein Visier, weil ich eine Stinkwut auf ihn habe? Die durch unseren Misserfolg auch noch geschürt wird? »Findest du mich eigentlich unprofessionell, Marek?«

Marek maunzt, und mir fällt ein, dass Kühn seit einigen Tagen in seinem Schmierblatt dazu aufruft, Bürgerwehren zu formieren, nachdem die lahmarschige Polizei es nicht schafft, den Killer dingfest zu machen. Das täte er doch nicht, wenn er selbst hinter den Morden stecken würde, oder? Aber vielleicht ist das ja auch Teil seiner Tarnung, seines perfiden Plans?

Ich seufze laut auf. Das ist doch alles Schwachsinn ... Trotzdem werde ich Helmut morgen vorschlagen, den

Kühn genauer unter die Lupe zu nehmen. Alles ist schließlich besser als diese verdammte Untätigkeit.

»Ach Marek ... Wie muss der Mann sein, der Interesse am Tod dieser Frauen hat?« Ich gehe zurück zum Schreibtisch, setze mich wieder und warte, bis Marek gnädig seinen Bauch angehoben hat, um seiner Aufgabe als Fußwärmer wieder nachzukommen.

Augenscheinlich hat der Täter ein Problem mit Frauen. Vielleicht hatte er tatsächlich versucht, bei den Opfern zu landen, und ist reihum abgeblitzt? Aber unterschiedlichere Typen als die blonde und mädchenhafte Lisa Schmidt, die rothaarige, klassisch schöne Amelia Wagner und die dunkelhaarige, eher herbe Susanne Mahler konnte es kaum geben ...

Welchen Komplex, welches Trauma versucht er durch die Morde an seinen Opfern zu kompensieren, deren einzige Gemeinsamkeit darin besteht, dass sie beruflich ambitioniert und ihre Karrieren auf dem aufsteigenden Ast waren? Nimmt er Rache, weil er unter dem Erfolg dieser – oder anderer – Frauen zu leiden hat?

Ach du meine Güte. Achtung, Achtung, Sie betreten jetzt das weite Feld der Küchenpsychologie! Ich seufze wieder und stupse Marek sanft mit den Zehen an. »Ich glaube, das wird heute nichts mehr. Komm, mein Süßer, wir gehen schlafen.«

Die Teetasse lasse ich stehen, Gregor wird sie morgen zuverlässig in den Geschirrspüler räumen. Dann lösche ich das Licht der Schreibtischlampe, lasse Marek vor mir aus dem Büro schlüpfen und trete hinaus auf den Flur. Hier ist es noch kälter als in der restlichen Wohnung. Unweigerlich beschleunige ich meine Schritte, doch Marek macht mir wieder einmal einen Strich durch die

Rechnung. Störrisch hat er sich vor der Tür zu Gregors Büro niedergelassen, jetzt faucht er und sieht mich vorwurfsvoll an. Diese Macke hat er seit Neuestem, irgendetwas scheint ihm an genau dieser Stelle nicht zu behagen. Aber was? Keine Ahnung. Vielleicht muss ich doch noch einen Katzenflüsterer engagieren. »Marek, jetzt komm! Ich habe heute keine Lust auf diesen Quatsch!«

Doch anstatt meinem Befehl Folge zu leisten, fängt er an, wie besessen mit seinen Krallen an der Tür zu kratzen.

»Bist du verrückt geworden? Was soll das?« Mit einem Schritt bin ich bei Marek und hebe ihn hoch, aber er zappelt, krallt sich in meinem Arm fest und springt sofort wieder zu Boden, als ich meinen Griff lockere. Schon kratzt er wieder an der Tür.

»Drehst du jetzt völlig durch? Was willst du denn?«

Nachdem aber recht eindeutig ist, was er will, öffne ich zögerlich die Tür zu Gregors Büro. Das tue ich sonst selten, es erinnert mich immer schmerzlich daran, dass wir diesen Raum ursprünglich als Kinderzimmer eingeplant hatten. Vielleicht möchte Marek es sich zur Abwechslung dort drin gemütlich machen? Irgendwie ist er ja auch so etwas wie unser Kind.

Kaum ist der Türspalt breit genug, quetscht Marek sich hindurch und springt mit einem Satz auf den Schreibtisch. Ich bleibe an der Schwelle stehen, doch Marek maunzt so kläglich, kratzt so aufgeregt über die Schreibtischunterlage, dass ich ihm schließlich folge. Erst als ich direkt vor ihm stehe, gibt er endlich Ruhe. »Was hast du denn?«, frage ich und will ihn wieder auf den Arm nehmen, aber als ich mich nach vorne beuge, fällt mein Blick auf die verrutschte Schreibtischunterlage. Und den

Zeitungsartikel, der darunter zum Vorschein gekommen ist. »gensburger Polizei das Genick!« steht da. Mit zitternden Händen hebe ich die Unterlage weiter an, greife nach dem Bündel Zeitungsartikel darunter. Jeder einzelne fein säuberlich ausgeschnitten. Jeder einzelne über den Frauenmörder.

Mir wird übel. Mein Herz fängt an zu rasen, dann wird mir schwarz vor Augen. Ich klammere mich am Schreibtisch fest, sinke auf den Drehstuhl, versuche, ruhig durchzuatmen. Als ich die Augen wieder öffne, hat Marek seine Krallen im Holz der obersten Schreibtischschublade versenkt. Wie in Trance ziehe ich sie auf, sehe den Computerausdruck. Und obwohl die Auflösung schlecht ist und das Foto auf dem Ausdruck verpixelt, erkenne ich sie sofort: Die Juniorchefin aus Gregors alter Firma. Jung. Attraktiv. Ehrgeizig und beruflich erfolgreich. Und so ambitioniert, dass sie nach dem Abschluss ihres Studiums sofort die Geschäftsführung übernahm und als erste Amtshandlung den Prokuristen entließ.

Die drei Haarsträhnen unter dem Bild, eine blond, eine schwarz, eine leuchtend rot, hätte es gar nicht mehr gebraucht.

Eine fast unheimliche Ruhe breitet sich in mir aus, als ich – von Marek gefolgt – in mein Büro gehe und die Dienstwaffe aus dem Schrank nehme. Dann hole ich einen Stuhl aus dem Esszimmer, stelle ihn in den Flur, den Blick auf die Wohnungstür gerichtet. Marek hat sich zu meinen Füßen zusammengerollt.

Ja, ich habe endlich verstanden, was den Mörder antreibt.

Und nein, ich muss wohl nicht mehr nach draußen gehen, um ihn zu finden.

Ich muss nur warten, bis er von seiner Suche nach neuen Opfern nach Hause kommt.

Max Stadler
Zurück ...

... in die Oberpfalz. Hier findet man braungelbe Gerstenfelder, zählebige Schwaden, braches Land und zaghaft blühende Kartoffeläcker. Die Traktoren sind meist größer als die Bauernhöfe selbst. Mit ihren Gefährten blockieren die Bauern ganze Straßenstriche. Autofahrer gelten als unliebsame Eindringlinge. Fremde Kennzeichen verraten den Zugereisten. Er wird ignoriert und doch genau studiert. Man will wissen, wer kommt, bleibt jedoch gern für sich.

Hier verbirgt das reiche Bayern sein trostloses Antlitz. Ein paar schöne alte Bauernhäuser gibt es noch, aber das Geld für Renovierungen ist knapp. Die Kuhställe stehen leer. Auf jedes zehnte Wohngebäude kommt eine Kirche. Alle sind gesittet und anständig, Protestanten werden geduldet, mehr nicht. Man hofft auf ein Einsehen des Herrgotts. Lieber ein früher und rascher Tod als ein langsames Dahinsiechen. Leberleiden sind eine häufige Todesursache, hier säuft man sich den Frust von der Seele. Geraucht wird nur filterlos. Zu den Huren fährt man über die Grenze. Sie sind billig und verbraucht, wie so vieles in dieser Gegend.

Einige wenige Kommunen versuchen mit Mühe und Not, sich über Wasser zu halten. Sie produzieren Kunststoff und Panzerglas, die Beschäftigten arbeiten für einen Hungerlohn, sind dennoch dankbar. Das erste Auto ist wichtiger als korrekte Rechtschreibung. Zwickt das Konto, brennt der Stall. Die Polizei drückt ein Auge zu, auf dem anderen ist sie blind. Sonntags wandert man in die Kirche und leistet Abbitte. Der Pfarrer schimpft und mahnt und betet, zu Hause vergnügt er sich mit der Putzfrau.

Der Winter ist hart in diesem Landesteil. Schneestürme betäuben alle menschlichen Gefühle. Die Bäume verlieren an Farbe. Ein Spinnennetz aus Waldwegen führt nirgendwohin. Alles ist dazu verdammt, abgehackt und weggeschafft zu werden. Die Nächte sind kristallklar, die Sterne leuchten wie in alten Zeiten. Die Natur ist widerspenstig, dunkel und gnadenlos. Der Himmel fern, die Sonne eine graue Eminenz. Sie hat sich von den Oberpfälzern abgewandt. Aber der Wald wirkt unchristlich schön.

Das Taxi kurvte mit beachtlicher Geschwindigkeit über die Landstraße. In Gedanken versunken betrachtete der Alte die Landschaft. Alles so bekannt, so vertraut. Hier war er geboren. Hier war er aufgewachsen. Er mochte das raue Klima, dem er entsprungen war. Hier hatte er gelernt, was es heißt zu lieben. Was es heißt zu hassen. Das Leben war einfach, die Gefühle rein. Verschlagenheit kam von außen.

»Wir Oberpfälzer waren schon immer die Deppen des Freistaats«, sagten die Einwohner. Er war fortgezogen, um sich zu bilden und zu entwickeln, hatte aber auch in der Ferne einsehen müssen, dass ihn seine Wurzeln immer wieder einholten. Für reine Gefühle zahlt man einen Preis.

Am Friedhof angelangt, stieg er aus. Das Taxi fuhr weiter und brachte seinen Koffer in die Pension. Die Trauergemeinde war bereits um das Grab versammelt, der Gottesdienst vorüber. Man musterte ihn schweigend, als er sich zu der kleinen Gruppe gesellte.

Trauer kennt viele Formen. In den langen Jahren seines Lebens hatte er eine Reihe davon beobachtet, ein paar auch selbst erfahren. Nun beerdigte er seine Enkelin, und doch wollte keine rechte Trauer in ihm aufkommen.

Nach der Predigt des Dorfpfarrers herrschte Stille, unterbrochen von einigen Schluchzern. Neben ihm weinte seine Tochter Karin. Kaum sechzig, aber schon lichtes, schneeweißes Haar. Schlechte Zähne. Ihr Schuhwerk verriet, dass sie wenig Wert auf ihre Bekleidung legte, da änderte auch das teure Mieder nichts.

Der Pfarrer hielt ihr den rituellen Wedel hin. Sie tunkte ihn in das Weihwasser und benetzte dann den Sarg in der Grube. Als sie ihrem Vater das Stück weiterreichte, zögerte er kurz.

Gesichter blitzten in seinem Kopf auf. Jung und alt. Mal verschwommen, mal scharf. Seine verstorbene Gattin, sein Sohn, die Enkelkinder aus der Stadt. Sie hatten einen festen Platz in seinem Gedächtnis. Bei seiner Enkelin jedoch verweigerten die Synapsen ihre Dienste. Er vermochte einzig eine blasse Erinnerung an eine unbeholfene, dicke Vierjährige zu wecken.

Er packte den Wedel und verteilte ein paar Spritzer auf dem Sarg. Dann wandte er sich um.

Wem sollte er ihn geben? Außer seiner Tochter kannte er nur seinen Bruder. Der hatte sich abgewandt. Er würde den Wedel nicht entgegennehmen.

Da trat von rechts ein junger Mann auf ihn zu und riss ihm das Teil geradezu aus der Hand. Karin schien protestieren zu wollen, hielt sich aber zurück.

Die großen und braunen Augen des Kerls waren gerötet. Er hatte einen Eierkopf und eine imposante

Körperfülle. Der Scheitel des Alten reichte ihm nur bis zum Kinn. Von hinten sah er, wie die Schultern des Hünen bebten, als er sich vor das Grab kniete.

Plötzlich stöhnte der bullige Kerl auf. Er ließ den Wedel fallen, sank in sich zusammen und begann zu heulen wie ein kleines Kind. Die hellen und verzweifelten Töne fuhren dem Alten durch Mark und Bein.

Wer war das?

Er schielte zu seiner Tochter, aber sie starrte ins Leere. Den anderen Versammelten schien die Szene unangenehm zu sein. Keiner machte Anstalten, den Mann am Grab zu trösten. Die Miene des Pfarrers war angespannt.

Nach zwei endlosen Minuten erhob sich der Kerl, wischte sich mit seiner Pranke über die Augen und wankte davon. Der Alte sah ihm nach.

»Wann fährst du wieder?«

Die Frage seiner Tochter unterbrach seine Überlegungen.

»Morgen«, antwortete er.

»Wo schläfst du?«

»In einer Pension im Nachbarort.«

Sie nickte und wollte sich schon abwenden, da hielt er sie noch zurück.

»Wer war denn der Kerl gerade?«

»Dein Neffe.«

Sie ging zum Pfarrer. Er sah, wie sie ihm die Hand schüttelte. Dankte ihm offenbar für den Gottesdienst und lud ihn zum Leichenschmaus ein. Wie es sich gehörte.

Er war zu alt für diese Art von Scheinheiligkeit. Irgendwann kommt der Moment, da die Sicht verschwimmt. Man richtet den Blick nach innen, kehrt zurück zum Wesentlichen. Eine andere Wahl hat man nicht.

Nach dem Tod seiner Frau vor fünfzehn Jahren war Karin mit seiner Enkelin aus der Stadt fortgezogen. In die Oberpfalz, wo sein Bruder lebte. Warum?, fragte er sie damals. Sie war ihm die Antwort schuldig geblieben.

Während er durch das Friedhofstor trat und die verlassene Gasse entlangschlenderte, stellte er sich die Frage erneut. Was wollte sie hier? Zum nächsten Supermarkt musste man über zehn Kilometer fahren. Der Nadelwald kroch nahe an die Siedlungen heran und verschlang die Wiesen und Getreidefelder. Kleine Bäche hatten der Flurbereinigung getrotzt und schlängelten sich an den Feldrändern entlang. Einsame Gehöfte versanken unter der Wucht der Natur, die Bewohner wurden älter, die Kinder wanderten ab. Buchen und Eichen kämpften gegen Fichten und Kiefern an, ein aussichtsloses Unterfangen. Im Dorf reihten sich graue Häuser aneinander. Eine rosa und weiß gestrichene Kirche reckte sich in die Höhe. Das Kupfer des Zwiebelturms war längst verblasst. Die Armut in der Gegend ist alt. Bereits im Mittelalter musste man Hand- und Spanndienste für den reichen Klerus leisten. Hier lebten Kinder der Natur, vom Teufel getauft.

Und Mörder.

Aus den Zeitungen wusste er, dass der Mann als Zimmermann gearbeitet hatte. Nachbarn beschrieben ihn als unauffälligen, hilfsbereiten Menschen. Niemand konnte begreifen, wieso er das arme Mädchen in ihrer Wohnung erwürgt hatte. Jetzt saß er in Regensburg in Untersuchungshaft und wartete auf seinen Prozess.

Polizisten hatten die Wohnungstür aufgebrochen, nachdem Karin sie gerufen hatte. Die Zeitungen schrieben auch, dass sie die Lebensgefährtin des Irren war. Warum hatte ihn das nicht überrascht?

Ein bärtiger Mann, den er auch schon am Grab gesehen hatte, holte ihn ein und ging eine Weile schweigend neben ihm her.

»Sind Sie von der Familie?«, erkundigte der Mann sich mit rauer Fistelstimme.

Der Alte nickte.

»Schlimme Geschichte«, meinte er und hustete. »Das arme Ding. Aber es hatte sich ja schon angedeutet ...«

Nur wenige Menschen redeten hier mit dem Alten. Beim Anblick des höflichen und studierten Wesens von außerhalb hoben sie zumeist nur abwehrend die Hände. Er war ihnen ein Rätsel. Was machte er? Wer war er? Der eine oder andere hatte wahrscheinlich gehört, dass er lange Zeit im Ausland gelebt und gearbeitet hatte, und dass er jetzt in der Stadt wohnte.

Der Bärtige wirkte aufgeschlossen. Der Alte musterte dieses Geschöpf, dem Äußeren nach ein Oberpfälzer durch und durch. Seltsam grüne Weste, darunter ein kariertes beige-grünes Hemd, braune Hose mit Falte, die noch nie Bekanntschaft mit einem Bügeleisen gemacht hatte. Lederschuhe mit sichtbaren Nähten.

»Kannten Sie den Mörder?«, erkundigte er sich vorsichtig. Man wusste nie, auf welche Weise man den Menschen hier begegnen sollte. Wagte man einen zu direkten Umgang, prallte man auf eine kühle Mauer der Abweisung; übte man sich hingegen in sanfter Bescheidenheit, erntete man bleiernes Schweigen.

»Er hat für mich gearbeitet«, antwortete der Bärtige.

»Als Zimmermann?«

»Ja. Mir gehört das Sägewerk am Ortsausgang.«

Stille.

Der Alte dachte nach. Sein Gesprächspartner wirkte ruhig und besonnen. Er hatte eingefallene Wangen unter dem grauen Vollbart. Eine hagere, sehnige Figur. Er fasste unwillkürlich Vertrauen zu diesem Mann.

»Wie ist er?«

Der Sägewerksbesitzer seufzte und schüttelte nur den Kopf. Der Alte wartete ab.

»Zugezogen«, sagte der Bärtige schließlich.

»Zugezogen«, wiederholte der Alte.

»Woher genau er war, weiß ich nicht. Aus dem ehemaligen Osten. Früher einmal ist er Boxer gewesen. Das sieht man ihm auch an. Er ist nicht groß, hat aber einen Nacken wie ein Stier.«

Er wollte nicht schlecht über den Täter sprechen, das war ihm anzumerken. Aber viel Gutes gab es offensichtlich nicht zu sagen. Der Alte versuchte es noch einmal mit einer ähnlichen Frage:

»Bei Ihnen hat er also als Zimmermann gearbeitet?«

»Ja, bis ich ihn rausgeworfen habe.«

»Sie haben ihn entlassen?«

»Vor vier Wochen.«

»Darf ich fragen, aus welchem Grund?«

Der Andere antwortete nicht sogleich. Sie schritten einen Hang hinab. Die Gasse wurde schmaler und beschrieb eine leichte Kurve. Rechts befand sich ein Fabrikgebäude, das schon bessere Tage gesehen hatte. Der Alte erinnerte sich an den synthetischen Geruch, der früher von der Anlage ausgeströmt war. Ein verrostetes Fließband führte zu einem kaputten Fenster hoch. Die alte Pilzfabrik. Er wandte den Blick ab. Es schmerzte, den Verfall zu sehen.

»Das ist eine lange Geschichte. Damit will ich Sie nicht unnötig behelligen. An Gründen hat es nicht gemangelt.«

»War er aggressiv?«, fragte der Alte, um die Zurückhaltung des Bärtigen zu überwinden.

»Auch. Vor mir hat er schon für einige meiner Kollegen gearbeitet. Das endete immer im Streit. Er war jähzornig und – anders kann man es nicht sagen – stinkfaul. Mir blieb keine Wahl.«

Drückte der Bärtige sich so vorsichtig aus, weil er Schuldzuweisungen befürchten musste?

»Das verstehe ich vollkommen«, erklärte der Alte daher. Diese Bemerkung schien den Anderen zu erleichtern, und er fuhr fort.

»Er führte Buch über seine Arbeitskameraden. Wann sie kamen und gingen, wie lang sie Pause machten. Und dann schwärzte er sie an. Sie können sich vorstellen, was solch ein Verhalten bewirkt hat. Und er hatte ein Problem mit dem Alkohol. Auf Dauer war das nicht tragbar.«

»Wie hat er auf die Kündigung reagiert?«

Der Sägewerksbesitzer lachte traurig auf.

»Mit Drohungen. Ich würde das noch bereuen, meinte er. Im Nachhinein muss ich wohl von Glück sprechen, dass er diese Drohungen nicht wahr gemacht hat. Es tut mir nur furchtbar leid um das Mädchen ... Das ist alles sehr tragisch.«

»Sie sagten gerade, dass sich das schon angedeutet hatte. Was meinten Sie damit?«

Der Bärtige sah den Alten von der Seite an.

»Ich meinte die familiären Umstände ...« Seine Zurückhaltung war plötzlich wieder da. »Aber die kennen Sie wohl besser als ich, da möchte ich nicht weiter ... mein Beileid.«

Mit diesen Worten entfernte er sich und bog in eine Seitengasse ein. Der Alte hätte ihn gern zur Mahlzeit ins Wirtshaus eingeladen.

Die Sonne neigte sich inzwischen schon dem Horizont zu. Der Tag führte einmal mehr einen hoffnungslosen Kampf gegen die hereinbrechende Nacht. Auch in ihm wurde es düster und kalt. *Familiäre Umstände.* Er musste mit Karin reden. Auch wenn das nicht leicht sein würde.

Sie stand am Eingang zur Wirtsstube. Ein grünes Haus mit großem Torbogen, dessen Farbe an einigen Stellen abgeblättert war. Zehn weitere Trauergäste folgten ihr in das Innere. Darunter sein Bruder. Der Alte bemerkte, dass er zu ihm rüber sah.

Es gibt wenige Orte, die trister erscheinen als ein fast leerer Speiseraum in einem dörflichen Wirtshaus. Zwei Tische waren für die Beerdigung reserviert. In einer Ecke saß ein älterer Mann. Er hatte ein halb volles Bierglas vor sich stehen und linste neugierig über seine Tageszeitung. Seine fettigen Haare reichten ihm bis zu den Schultern. Vorn hatte er Geheimratsecken.

»Grüß Gott«, sagte eine bemüht lächelnde Frau, die neben dem Tresen stand. Sie trug eine helle Schürze. Ihre Figur verriet einige Kinder und einen unaufmerksamen Mann.

Auf einmal stand Karin vor dem Alten.

»Was willst du hier?« Ihre Stimme klang schrill und überschlug sich fast. Die Gespräche der anderen verstummten. Alle drehten sich um.

Die Frage überrumpelte ihn. Auf dem Friedhof hatte sie einen recht gesammelten Eindruck gemacht. Darüber hatte er ganz vergessen, dass sie ihn offiziell gar nicht zum Essen nach der Beerdigung eingeladen hatte.

»Entschuldige«, sagte er daher. »Ich möchte nicht stören.«

An diesem Punkt hätte er das Wirtshaus verlassen sollen. Aber vielleicht lag es an der eigenartigen Atmosphäre oder der soeben geführten Unterhaltung mit dem Sägewerksbesitzer, es war schwer zu sagen, jedenfalls spürte er, wie ihn eine Welle des Mitleids, gar der Zuneigung zu seiner Tochter erfasste. Und er sagte ein wenig unüberlegt:

»Wenn du mit mir reden möchtest, bin ich immer für dich da.«

In ihr explodierte etwas. Ihr Gesicht verzerrte sich zu einer Grimasse. Beschimpfungen und Beleidigungen ergossen sich über ihn. Schockiert lauschte er dieser Latrinenvulgarität, deren Heftigkeit selbst sein gestähltes Wesen überraschte.

»Kind ...«, versuchte er sie zu beschwichtigen.

Diese Bemerkung schien sie noch mehr in Aufwallung zu bringen.

»Nenn mich nicht Kind!«, schrie sie. »Ich bin nicht dein Kind. Dein ganzes Leben hast du dir nichts aus mir gemacht. Scher dich zum Teufel, du Aasgeier! Du bist nicht mein Vater! Hörst du? Du bist nicht mein Vater!«

Was entgegnet man auf derlei Äußerungen? Er ließ den Blick über die ausgefransten Sitzkissen der Stühle gleiten. Ursprünglich waren wohl Blumenmotive darauf eingenäht, nun erkannte er nur noch vereinzelte Stängel oder Blütenblätter. Die Lampen hingen tief über dem Tisch, fochten aber vergebens gegen das schummrige Dunkel des Raumes an. Die Wände waren ockerfarben, übersät mit kleinen, dick eingerahmten Malereien und Fotos von Gehöften und Hügellandschaften.

Resigniert wandte er sich zur Tür und trat wieder ins Freie. Nach links blickend, konnte er am Straßenende das Schild einer Metzgerei ausmachen. Einige der Häuser schienen leerzustehen. Ihre Fenster gähnten schwarz. Vereinzelte Autos parkten vor den bröckeligen Gebäudefassaden.

Er überquerte die Straße. Aus den Augenwinkeln nahm er eine Bewegung wahr. Im ersten Stock eines Hauses wackelte ein Vorhang. Er ging weiter. Bildete sich ein, seine Schritte auf dem Asphalt widerhallen zu hören. Da hörte er noch etwas. Andere Schritte hinter sich. Der Gang kam ihm bekannt vor. Ein leichtes Hinken.

»Michl, jetzt bleib doch stehen! Die Karin hat das nicht so gemeint, jetzt komm schon.«

Er ging weiter und blickte sich nicht nach seinem Bruder um. Woher auf einmal diese Freundlichkeit? Zwischen ihnen gab es schon lange nichts mehr zu sagen.

Nach wenigen Hundert Metern erreichte er den Ortsausgang. Ein kleiner Weg zweigte nach rechts in den Wald ab. Unter den Baumwipfeln wurde es finsterer. Er setzte seine Schritte achtsam, um nicht auf dem Kies zu stolpern. Sein Puls beruhigte sich langsam. Er wollte jetzt nicht an seinen Bruder denken.

Es war so still und rein, dass man Gott atmen hören konnte. Es tat geradezu weh in einem drin. In allem schlummerte eine schwarze Schönheit, ein unter der Oberfläche brodelnder Irrsinn. Eine Orgie aus Wald, Finsternis und Stille. Eine tote Krähe lag am Wegrand, ein heller Film bedeckte ihre geweiteten schwarzen Augen.

Kühl und angenehm strömte ihm die Luft in die Lunge. Dieser Moment versetzte ihn zurück in die Zeit seiner Jugendjahre. Der Wald war seine Heimat gewesen. Das Knacken der Äste, die leisen, fast verschlafenen Rufe der Vögel klangen vertraut in seinen Ohren. Der Mond glänzte bereits zwischen den Wipfeln auf. Es roch herb nach Brombeeren und Ginster.

Er schloss die Augen. Holte tief Luft. Hustete. Der Körper machte nicht mehr mit. Irgendwo in der Kehle hatte sich der Tod eingenistet. Er hörte ihn schon rasseln. Hatte er sich selbst überlebt?

Das Knattern eines Motors riss ihn aus seinen Gedanken. Das Gefährt näherte sich rasch. Ein kleines Moped holperte über den unebenen Weg. Er erkannte den Fahrer erst, als dieser nur noch fünf Meter von ihm entfernt war. Die Dunkelheit erschwerte ihm die ohnehin schwache Sicht.

Es war der bullige Kerl, der bei der Beerdigung schluchzend zusammengebrochen war. Sein Neffe. Er trug keinen Helm.

Er hielt neben dem Alten und schaltete den Motor aus. Dabei stierte er seinen Onkel an. Sein Pullover trug die Aufschrift ›Freiwillige Feuerwehr‹.

»Du bist der Opa von der Emmi«, sagte er. Seine Stimme klang verwaschen, als habe er etwas im Mund. Aber der Alte begriff, dass es sich um eine Sprachstörung handelte. Emmi, damit musste er seine Enkelin meinen. Sie war auf Emilie getauft worden. Was wollte der Kerl von ihm? War er ihm gefolgt?

»Wir wollten zu dir fahren. In die Stadt!«

Wer war »wir«? Und warum wollten sie zum ihm in die Stadt? Doch noch bevor er ähnlich geartete Fragen stellen konnte, bestürmte der Andere ihn weiter.

»Du hättest uns verstanden! Die Leute wollten es verhindern. Aber du hättest uns verstanden, das hat Emmi gesagt. Und das stimmt, oder?«

Der Alte verstand gar nichts. An den Mundwinkeln des Einfaltspinsels hatten sich kleine Speichelreste angesammelt. Er musste sich zusammenreißen, um sie nicht mit einem Taschentuch abzuwischen.

»Aber der Hans hat sie umgebracht, nur weil er eifersüchtig war und sie nicht gehen lassen wollte!« Dem Kerl liefen schon wieder Tränen übers Gesicht. Seine Stimme glitt um eine halbe Oktave in die Höhe.

»Eifersüchtig?«, wiederholte der Alte.

Ihm schwante Übles. Er sah über den Anderen hinweg. Auch der Wald schien über der düsteren Saga zu brüten. Er sammelte all seine Kraft und fragte:

»Weshalb sollte er eifersüchtig gewesen sein?«

»Weil Emmi und ich heiraten wollten!«

Das beantwortete die Frage nur teilweise, bestätigte jedoch seine Ahnungen. Der Kerl wollte Emilie heiraten. Sie wollten zu ihm in die Stadt, weil sie dachten, er würde sie verstehen.

So konnte man sich irren.

Er drehte sich um und marschierte zurück. Er musste fort von hier. Warum war er nur hergekommen?

»Emmi hat oft bei dir angerufen, aber du warst nicht da.« Der Kerl hatte sein Moped stehen gelassen und lief neben dem Alten her. Dieser versuchte zu beschleunigen, sah aber ein, dass es keinen Sinn hatte. »Wir wollten schon lange weg. Du hättest uns geholfen, oder? Auch wenn mein Vater und du zerstritten seid. Warum mögt ihr euch eigentlich nicht? Die Emmi hat gesagt, dass es wegen einer Frau ist. Mein Vater mochte deine Frau nicht, stimmt das? Und dann bist du weggezogen. Wir wollten auch wegziehen, weil mein Vater dagegen war, dass wir heiraten. Du hättest uns geholfen, oder?«

Am liebsten hätte der Alte sich die Ohren zugehalten. Er keuchte. Das schnelle Gehen strengte ihn an. Warum ließ der Kerl ihn nicht in Ruhe?

»Emmi hat gesagt, dass wir zu dir in die Stadt fahren und ein bisschen bei dir wohnen können. Dass sie in der Stadt ganz viele Feuerwehrleute brauchen. Ich bin bei der Feuerwehr!«, fügte er stolz hinzu. Das ›F‹ von Feuerwehr sprach er dabei wie ein ›Pf‹ aus. Ein Speichelfetzen landete auf dem Gesicht des Alten.

»Das wollte sie dem Hans sagen. Aber der wollte sie nicht gehen lassen, sondern für sich behalten, und da hat er sie ...« Er brachte den Satz nicht zu Ende.

Der Alte blieb stehen und stützte sich gegen einen Baum. Seine Enkelin hatte ihn also um Hilfe bitten wollen. Er erinnerte sich an die Nachrichten auf dem Anrufbeantworter, die er ungehört gelöscht hatte.

Und auf einmal roch er den Seidelbast. Seit vielen Jahrzehnten hatte er diesen Duft nicht mehr gerochen. Er kam aus dem Dickicht herübergeweht. Die Zweige des Seidelbasts sollten doch angeblich vor Unheil schützen. Einen kurzen Augenblick lang huschte etwas vor seinem inneren Auge vorbei. Er versuchte, die Erscheinung zu greifen, aber es gelang ihm nicht.

Es war, als dimme jemand das schwache Licht noch weiter herunter. Die Fichten und Tannen um ihn herum schienen zu wachsen, ihre Schwermut war stärker als das Leben.

Er wartete, bis sein Neffe wieder auf das Moped geklettert war.

Dann fing er an zu weinen.

Elmar Tannert
Mord verjährt nie

»Sie haben ihn gefunden«, sagte meine Großmutter am Telefon, »endlich hat ihn jemand gefunden«, und ich wusste sofort, wen sie meinte. Doch woher, fragte ich, wolle sie wissen, dass er es wirklich ist?

Sie antwortete mir mit einer Zeitungsmeldung vom vergangenen Montag, die sie sich schon am Telefon bereitgelegt haben musste. Deutsche Spaziergänger, hieß es darin, hatten im Giselawald bei Waldmünchen, auf der tschechischen Seite der Grenze, Überreste eines menschlichen Skeletts entdeckt, dessen Schädel einen tödlichen Durchschusskanal aufwies.

»Hab ich es nicht immer gesagt? Der Mottl hat ihn erschossen!«

Ich wandte ein, dass es sich ebenso gut um einen erschossenen Republikflüchtling aus der Zeit des Eisernen Vorhangs handeln könnte, den man, aus welchem Grund auch immer, einfach liegen gelassen hatte, doch meine Großmutter konnte noch mit einer zweiten, aktuelleren Zeitungsnachricht aufwarten, die besagte, es handele sich um das Skelett eines etwa 35 Jahre alten Mannes, und bei genauerer Untersuchung der Fundstelle sei ein Hirschfänger ans Tageslicht gekommen, wie er in den Zwanziger- und Dreißigerjahren vor allem im ländlichen Bayern verbreitet war. Ich konnte mir den Gesichtsausdruck grimmiger Genugtuung, den sie beim Vorlesen der Meldung haben musste, und den ich seit Kindertagen von ihr kenne, nur allzu gut vorstellen, und ich wusste, kein Einwand meinerseits würde sie von ihrer Gewissheit abbringen, dass der Tote aus dem Giselawald niemand anders sein könne als ihr Vater, der Vogl Martin, der in einer Julinacht des Jahres 1934 zu einer Paschertour aufgebrochen und nie mehr zurückgekehrt war.

Meine Oberviechtacher Großmutter war kein Mensch, der mit Zweifeln durchs Leben ging. In ihrer Welt war, seit ich sie kannte, schon immer alles eindeutig und kategorisierbar gewesen, und eine der grundlegendsten und fragilsten Grenzen des menschlichen Daseins, diejenige zwischen Gut und Böse, war für sie identisch mit der Staatsgrenze zwischen Bayern und Böhmen.

Warum das Skelett über Jahrzehnte hinweg unentdeckt geblieben sei? Auch dafür hatte sie eine Erklärung. Die lang anhaltenden Regenfälle im Mai und Juni, die in weiten Teilen Bayerns, Österreichs und Tschechiens zu Überschwemmungen führten, hatten es erst jetzt ans Tageslicht befördert.

»Der Mottl hat ihn damals gut vergraben, deshalb ist er jetzt erst herausgespült worden!«

Das Anliegen, das sie an mich hatte, leitete sie mit einem Satz ein, der zu ihren beständigen Leitmotiven gehört und lautet: Ich hab ja sonst niemanden. Was so nicht stimmt, auch wenn sie es immer wieder sagt. Sie meint damit hauptsächlich, dass sie ihren Sohn nicht mehr hat. Also meinen Vater. Weil er mit mir und meiner Mutter weg ist von Oberviechtach, vor knapp zwanzig Jahren, ich war noch klein, noch nicht einmal im Kindergarten. Ab da habe ich meine Oberviechtacher Großmutter nur noch selten gesehen; ein-, zweimal im Jahr habe ich eine

Woche bei ihr verbracht. Mein Vater wollte es ihr trotz aller Querelen nicht antun, ihr ihren Enkel vorzuenthalten, auch wenn es nach jedem Besuch neuen Streit gab – darüber, dass meine Eltern mich zweisprachig aufwachsen ließen, mit Vatersprache Deutsch und Muttersprache Tschechisch, über Großmutters Sprüche, die ich ahnungslos nachplapperte, wenn ich wieder zu Hause war – »ausgerechnet eine von drüben!«, – und über das, was mein Vater »die alten Geschichten« nannte.

Ich solle, bat sie mich, »in die Tschechei« fahren, in die Kreisstadt Domažlice – die sie, wie immer, beim alten Namen Taus nannte –, um auf der dortigen Polizeidienststelle mehr über die mutmaßliche Identität des Toten vom Blaublumenfelsen in Erfahrung zu bringen, und zwar möglichst bald, am besten heute noch. In diesem Stadium des Telefongesprächs hatte ich mich bereits in den Buben zurückverwandelt, der an Regentagen bei ihr in der Küche saß und den Episoden einer Heldensaga lauschte, die von einem unvorstellbar weit entfernten Menschen handelt, obwohl es der eigene Urgroßvater ist; die sich in einer versunkenen Welt abspielt, deren Mittelpunkt ein Dorf mit dem Namen Wassersuppen ist, wo man wie in einem Paradies gelebt haben musste, trotz der beständigen Not und Armut; und die illustriert wurde von vergilbten Zeitungsausschnitten und Fotografien, die meine Großmutter aus einer Zigarrenkiste nahm und auf dem Küchentisch ausbreitete. Ein Trupp uniformierter Männer mit Schnauzbärten und durchdringendem Blick – die tschechischen Zollbeamten, Finanzer genannt, die an der Grenze patrouillierten –; ein Gasthaus in Haselbach mit dem Namen *Zur Stadt*

Bischofteinitz, vor dem Wirt und Wirtin wie ein Königspaar posieren, die Stammgäste um sich versammelt wie ihr Hofstaat; ein feierlich-ernstes Paar, die Frau mit einem weißen Schleier, dunkeläugig und ergeben in eine vage Ferne hinter dem Betrachter blickend, der Mann, mein Urgroßvater, mit straffem Scheitel und Kurzhaarfrisur, die weite Bögen um die Ohren freilässt, in einem schwarzen Anzug, der ihn sichtlich beengt. In seinem Gesicht liegt ein seltsamer Widerspruch – weich und sanft wirken die Lippen, die ganze Mundpartie, das Kinn; der Blick jedoch trotzig und verschlossen, als hege er ein tiefes Misstrauen der Welt gegenüber, das im Moment des Hochzeitsbilds dem Fotografen gegolten haben mochte, der sich mithilfe einer modernen Apparatur vor der Arbeit drückte, Menschen abzumalen, und dafür auch noch Geld bekam.

»Ein richtiger Musiker hätt' er werden können, dein Urgroßvater. Auf jedem Instrument hat er gespielt, Zither, Geige, Harmonika, und die Leute haben ihm so gern zugehört.«

Ich liebte die Geschichten, die meine Großmutter über ihren Vater zu erzählen wusste, als hätte sie ihn selbst auf seinen Schmugglerpfaden begleitet, obwohl sie ihn als Vierjährige zuletzt gesehen hat. Sie konnte von ihm erzählen, weil er nicht irgendein beliebiger der zahlreichen Pascher gewesen war, die Salz von Bayern nach Böhmen schleppten oder Vieh von Böhmen nach Bayern trieben, sondern beiderseits der Grenze der Schmugglerkönig genannt wurde, der Pašerácky Král, der die tschechischen Finanzer über Jahre hinweg an der Nase herumgeführt, sie zum Gespött der Leute gemacht hatte wie kein anderer und in unzähligen Geschichten weiterlebte. Mein Urgroßvater tat darin Dinge, die niemals einer der Erwachsenen, die ich kannte, tun würde, außer in Büchern oder Filmen, und ich konnte nie genug davon hören, wenn ich bei meiner Großmutter war, obwohl jede Geschichte mit denselben Worten endete.

»Ausgerechnet den Mottl hat sich dein Urgroßvater zum Feind gemacht. Der Mottl hat zu ihm nicht nur einmal gesagt, dass er ihn erschießen wird, wenn er ihn beim Paschern erwischt. Einmal hat er es sogar vor allen Leuten gesagt, auf der Kegelbahn vom *Oberen Wirt* in Haselbach.«

Ich sprach den Satz nicht aus, der mir vorhin noch auf den Lippen gelegen war, nämlich, dass es ihr jetzt plötzlich sehr gut passt, dass ich die Sprache beherrsche, die sie hasst, sondern versprach ihr, dass ich mich noch heute auf den Weg von Weiden nach Domažlice machen würde, und wahrscheinlich wäre ich sogar dann gefahren, wenn *nicht* zufällig gerade Semesterferien gewesen wären. »Soll ich bei dir vorbeikommen und dich mitnehmen?«, fragte ich sie noch, »ich fahre ja sowieso über Oberviechtach.« Natürlich lehnte sie ab. Nach der Grenzöffnung war sie ein einziges Mal seit Kriegsende und Vertreibung wieder drüben gewesen, und dabei war es geblieben. Mein Vater hat mir Jahre später erzählt, dass sie geweint hat, als sie in dem Dorf, das nicht mehr Wassersuppen, sondern Nemanice hieß, vor dem verfallenen Haus stand, in dem sie geboren und aufgewachsen war, und danach hat sie den Ausflug über die Grenze und insbesondere den Abstecher nach Taus noch jahrelang verflucht, denn wenn sie nicht unbedingt ihr Heimatdorf hätte sehen wollen, so sagte sie immer wieder, dann wäre das alles nicht passiert – nämlich, dass mein Vater, der damals nur wenig älter war, als ich heute bin, in dem Lokal in Domažlice, in dem sie eingekehrt waren, die Frau kennenlernte, die er bis heute seinen Schmetterling nennt, die er geheiratet hat und mit der er ein Kind hat.

Ich erinnerte mich wieder an das merkwürdige Gefühl aus meiner Kindheit, an den Moment, in dem ich entdeckte, dass die Städtchen Domažlice und Taus in Wahrheit ein und dieselbe Stadt waren. Zwei Welten, die in meinem Kopf existiert hatten, die eine Schauplatz meines eigenen Lebens, die andere wie von Patina überzogen, märchenhaft schimmernd, verschmolzen zu einer. In Domažlice lebte meine andere Großmutter, meine Babi, mit ihrem dicken Foxterrier Medo in einem Häuschen am Stadtrand; in Domažlice lernte ich tschechische Kinderlieder, von denen meine Oberviechtacher Großmutter nichts wissen durfte; Taus dagegen war die Stadt mit dem Gefängnis, in dem die Finanzer die Pascher ablieferten, die sie gestellt hatten; die Stadt, die mein Urgroßvater in Aufruhr versetzt hatte, als es ihm gelang, in Frauenkleidern einen Kameraden aus dem Gefängnis zu befreien. Bis vor die Tore der Stadt wurde er gejagt, entlang der Bahnlinie bis in den Wald, wo er sich einen Tag und eine Nacht in einer Baumkrone verbarg.

Es gab eine Zeit, da spielte ich mit den Nachbarskindern in Domažlice Pascher und Gendarm, mit Murmeln, Schokolade oder Legosteinen als Schmuggelgut, das wir einander abjagten, in Verstecken deponierten und aufzustöbern versuchten. Was das wirkliche Schmuggelgut war, das die Pascher säckeweise von Bayern nach

Böhmen getragen hatten, wusste ich natürlich, obwohl ich es lange Zeit nicht begriff. »Warum Salz, Oma?«, habe ich immer wieder gefragt, und sie hat mir jedes Mal erklärt, dass es »bei denen drüben« eine teure und minderwertige Mangelware gewesen sei, »schlechter als bei uns das Viehsalz!«

In Weiden war ich bei wolkenlosem Himmel aufgebrochen, ab Oberviechtach war es von Osten her dunkel aufgezogen, und zwischen Rötz und Ast fuhr ich durch eine Regenwand, die mich dazu zwang, mit vierzig Stundenkilometern über die Landstraße zu kriechen. Der Ostrand der Oberpfalz hat sein eigenes Wetter. »Das ist der Böhmische«, sagen die Leute zu dem Wind, der im Grenzland für einen jähen Umschwung sorgen kann. Kurz vor Waldmünchen stieß ich auf eine Umleitung. Der ausgeschilderte Weg führte über Untergrafenried und Höll, und mir war, als hätte meine Großmutter persönlich für die Straßenbauarbeiten gesorgt, die den direkten Weg zum Grenzübergang blockierten. In Höll, nur einen Steinwurf von der Grenze entfernt, lagerte beim Gemeindeschreiber, bei der Krämerin, bei den Bauern die Pascherware, außer dem begehrten Salz auch Feuerzeuge, Messer, Saccharin; von hier nahmen die Pascher des Nachts entweder den Weg nach Norden, über Wassersuppen und Mauthaus, Stockau und Mutterdorf, oder nach Osten, über den Heinrichsberg und Buchenberg nach Klentsch, auf geheimen, gut getarnten Wegen, durch dichte Wälder und über steinige Bergrücken.

Als ich Höll hinter mir gelassen hatte und auf die Staatsstraße zum Grenzübergang Waldmünchen abbog, riss die Wolkendecke auf, und die noch regennasse Straße lag plötzlich in gleißendem Licht. Ich trat auf die Bremse. Kurz dachte ich darüber nach, gleich nach der Grenze den Weg links zu nehmen, nach Wassersuppen, um dort eine kurze Pause einzulegen. Ich muss dreizehn, vierzehn Jahre alt gewesen sein, als mein Vater mit mir einmal dort hinfuhr, um mir zu zeigen, wo seine mütterliche Familie herstammt. Es war ein heller, freundlicher Frühsommertag gewesen, doch selbst der konnte dem Ort nichts von seiner Trostlosigkeit nehmen; vielmehr wirkte es so, als versuche die Sonne vergeblich, mit ihrer Wärme den Leichnam eines Ortes wieder zum Leben zu erwecken. Ein verfallenes Schulhaus, eine verfallene Fabrik, ein paar halb verrottete graue Plattenbauten, in den Sechzigerjahren für die Grenzsoldaten und ihre Familien errichtet, die nach dem Fall des Eisernen Vorhangs nur kurz leer standen, bis sie von Romasippen übernommen wurden.

Ich ging damals mit meinem Vater kreuz und quer durch Wassersuppen und versuchte, in Gedanken den Ort mit den Geschichten meiner Oberviechtacher Großmutter zu beleben. Dort die Schwarzach, über die früher einmal hinter dem Haus ein schmaler Holzsteg geführt hatte, der von Urgroßvaters kleinen Geschwistern eigens für Mottl angesägt wurde. Der Finanzer, auf dem Weg zum anderen Ufer, wo der Schuppen stand, in dem er Pascherware vermutete, brach ein und fiel in den Bach, aus dem er unter dem Gelächter der Kinder triefend nass wieder ans Ufer kroch. Im Schuppen selbst wartete die nächste Falle auf ihn: Oben auf einem Holzstoß ein verdächtig erscheinender Rucksack, der aus einem alten

Fass ragte. Als Mottl es anhob, löste sich der Boden, und er wurde von Ruß und Asche überschüttet.

Dort oben am Waldrand, hangaufwärts hinter Friedrichshütten, die Stelle, wo Mottl und seine Kollegen meinen Urgroßvater durchsuchten und überall, wo sie hinfassten, nur in Ziegenmist griffen, den er sich in die Rocktaschen und in den Rucksack gestopft hatte, als Rache für die zahllosen Hausdurchsuchungen, mit denen sie ihn schikanierten. Aber es schien, als seien die alten Geschichten für immer an den Küchentisch meiner Oberviechtacher Großmutter gefesselt und würden hier, inmitten der wüsten Anhäufung von Nachtclub und Barockkirche, Wochenendhäusern und Plattenbauten, verenden wie Sagengestalten, die nicht von dieser Welt sind, Wassergeister aus den tschechischen Märchen meiner Babi, die achtgeben müssen, dass kein Strahl Tageslicht sie trifft, wenn sie ihr Element verlassen.

Manche Ortsnamen im Grenzgebiet hat man einfach dem Klang nach in die andere Sprache übertragen; Zwist wurde zu Neid, »Závist«, oder Plöß zu Glatze, »Pleš«. Sprechende Namen wurden übersetzt; Weier wurde, als »Weiher« gedeutet, zu »Rybník«, Ofen bei Babylon zu »Pec«. Mit Wassersuppen aber hat man sich einen Scherz erlaubt; es heißt nicht etwa Vodní Polévka, sondern Nemanice, und das bedeutet so viel wie »Habenichts«. »Přišel asi z Nemanic«, »der kommt wohl aus Nemanice«, habe ich manchmal die Leute sagen hören, auch meine Babi, als geflügeltes Wort für jemanden, der nichts weiß, nichts kann und nichts hat.

Ich verzichtete auf den Abstecher, fuhr weiter durch Lisková, das ehemalige Haselbach, wo das Wirtshaus *Zur Stadt Bischofteinitz* lag. »Dort hat der Mottl vor allen Leuten gesagt, dass er deinen Urgroßvater erschießen wird!« Heute ist Lisková kein Ort mehr, nur eine schnurgerade Aneinanderreihung von Tankstelle, Travel Free Supermarkt, Pizzeria, Imbissbude, Wechselstube und vietnamesischen Händlern. Dann macht die Straße einen Rechtsknick, schlängelt sich ein Stück den Haselbach entlang und passiert die kleine Ansiedlung Černá Řeka, ehemals Sofienthal. Ich kann nicht genau sagen, was mich dazu bewog, in den Ort einzubiegen, bis ans Ende der Straße zu fahren und auszusteigen. Die alten Geschichten? Waren sie so lebendig geworden, dass es mir peinlich wurde, mit Motorkraft über eine asphaltierte Straße zu jagen, zu deren beiden Seiten meine Vorfahren Säcke durch den Wald geschleppt hatten? Ein Stück abseits des Dorfes, dicht am Waldrand, muss eine der zahlreichen Glasschleifereien gewesen sein. War es das unbewohnte Gebäude, neben dem zwei alte Škodas unter einer Plane verrotteten? Dort soll mein Urgroßvater einmal, die Finanzer ihm dicht auf den Fersen, kurzerhand in den Kamin des Hauses geschlüpft sein, mitsamt einem Rucksack voller Rosinen und Kokosfett, das die Hausfrauen bei ihm für die Osterbackwaren bestellt hatten. Eine Stunde lang durchsuchten die Finanzer das Anwesen vom Keller bis zum Dachboden, ohne auf die Idee zu kommen, im Kamin nachzusehen, während meinem Urgroßvater das schmelzende Kokosfett am Rücken hinunterlief. Salz und Zucker, Rosinen und Kokosfett als Schmuggelware! Das klingt heute wie Kindertheater, wie Geschichten von Kasperl und Seppel, die der Großmutter Backzutaten bringen wollen, woran Wachtmeister Dimpfelmoser sie mit allen Mitteln hindern will; dabei riskierten die Pascher auf jeder ihrer Touren Leib und Leben.

»Dein Urgroßvater ist nicht der Einzige, der nie mehr zurückgekommen ist. Für die tschechischen Finanzer war jeder Deutsche ein Deutscher zu viel.«

Aber Mottl ist kein tschechischer Name. Der Mottl war halb Deutscher, halb Tscheche. Deutscher Vater, tschechische Mutter. Genau wie ich.

»Deswegen ist er ja ein ganz besonders Scharfer gewesen. Der hat noch tschechischer sein wollen als die Tschechen selber.«

Genau das muss meinen Urgroßvater angestachelt haben, es mit ihm aufzunehmen. Je verbissener der Mottl ihm auf den Fersen war, umso mehr entwickelte sich sein sportlicher Ehrgeiz, dem Finanzer und seinen Kollegen eins auszuwischen, mit immer raffinierteren Schleichwegen und Schmuggelgutverstecken – oder eben mit Fallen, in denen Mottl von Ruß und Asche eingestäubt wurde oder in Ziegenmist griff.

Ich ging auf den Waldrand zu, angelockt von etwas, das neben dem Weg schimmerte im dampfigen Sonnenlicht. Ich bückte mich und scharrte einen faustgroßen Glasklumpen aus der Erde, weinflaschengrün, unförmig und schwer wie ein roher, unbearbeiteter Brocken Stein. Unvorstellbar, dass dieses Stück hier jahrzehntelang gewartet haben sollte, bis ich es ausgrub. War auch dieser Glasklumpen erst jetzt, durch die Regenfälle, ans Tageslicht geschwemmt worden? Ich hielt ihn in der Hand und starrte ihn an, als könnten darin die Küchentischge-schichten meiner Oberviechtacher Großmutter lebendig werden; befühlte ihn, als bestünde er aus einer rätselhaft fremden Materie von einem anderen Planeten; behielt ihn schließlich wie einen Talisman, einen Kompass, mit dem ich von Černá Řeka in den Giselawald stolperte, ohne zu wissen, warum. Ich ging mit dem Stück geron-nener Vergangenheit in meiner Faust in die entgegenge-setzte Richtung, über den Blaublumenfels in Richtung Waldmünchen zurück. Ich kletterte, benommen von der Mittagsonne, über gestürzte Birken- und Rotbuchen-stämme, auf denen Ameisenstraßen verliefen, ich irrte an der Grenze entlang und stieß, mal von tschechischer, mal von deutscher Seite kommend, auf angerostete Schilder mitten im Wald, die mit der Aufschrift »Pozor! Státní hranice« vor der Staatsgrenze warnten. Von den Wildtieren wird die Grenze noch immer gemieden, und ich hätte mir gewünscht, dass das auch auf die Bremsen zuträfe, die mich abseits der markierten Wanderwege bis durchs Unterholz verfolgten.

»Einmal hätte der Mottl in seinem Übereifer fast einen Kollegen erschossen, der am Waldrand bei Friedrichs-hütten auf die Pascher gelauert hat.«

War das nicht die viel wahrscheinlichere Möglichkeit? Mottl hätte doch nur dann die Leiche beseitigen müssen, wenn er einen Kollegen mit meinem Urgroßvater ver-wechselt und niedergeschossen hätte. Ebenso gut konnte auch ein Pascher der Täter gewesen sein, nicht wenige von ihnen besaßen Schusswaffen.

Von irgendwo hörte ich Männerstimmen. Ich ging ihnen nach und stieß auf eine weiträumige Lichtung, auf der zwei Waldarbeiter Mittagspause machten. Ob sie zufällig wüssten, fragte ich sie, wo vergangene Woche das Skelett gefunden worden sei?

Warum mich das interessiere?, fragten sie zurück, und es ergab sich, dass erst vor wenigen Tagen zwei Deutsche hier im Wald gewesen waren, die geglaubt hatten, ein Massengrab von ermordeten Sudetendeutschen aufzufinden. So gut es ging, erzählte ich ihnen kurz gefasst meine Geschichte. Der Fundort sei gar nicht weit von hier, sagte schließlich einer der beiden, stand auf und winkte mir, ich solle ihm folgen. Nach einem kurzen Wegstück bog er ab, stapfte unbeirrt wie ein Elefant durch das dichte Gehölz und wies schließlich auf eine frisch umgegrabene Stelle im Waldboden. Dann machte er kehrt und ging ebenso gleichmütig wieder zurück zu seinem Kollegen.

Erstaunlich, dass, wie es hieß, Spaziergänger die Knochen entdeckt hatten; eher müssen es GeoCache-Freaks auf der Suche nach einem Versteck gewesen sein. Es wäre eine harte Arbeit gewesen, eine Leiche dorthin zu schleifen, und wenn sie jemandem zuzutrauen wäre, dann eher einem Pascher, der es gewohnt ist, Zentnerlasten durch den Wald zu bewegen. Andererseits – vielleicht musste die Leiche gar nicht bewegt werden; vielleicht waren genau hier Täter und Opfer aufeinandergestoßen. Ein Pascher, versteckt im Unterholz, der von einem Finanzer aufgespürt wurde. Ich begann, um den Fundort herumzugehen, immer weitere Kreise ziehend, in der Hand den Glasklumpen, als könnte der mir helfen, eine weitere Reliquie aufzuspüren; aber er besaß keine magischen Kräfte, ich fand keinen Jackenknopf, kein Feuerzeug, schon gar keine Pistole, und wenn – hätte ich den Fund meiner Obervichtacher Großmutter gezeigt? Um zu hören, dass ich einen Beweis gefunden hätte, dass sie sich an genau diesen Gegenstand erinnere? Hat mein Vater nicht recht? Muss nicht irgendwann Schluss sein mit den alten Geschichten?

»Mord verjährt nie!« – so meine Großmutter. Aber wen geht ein Mord, begangen vor über achtzig Jahren, heute noch etwas an? Wer soll ihn sühnen, wenn der Mörder ebenso tot ist wie sein Opfer? Und: Hatte sie nicht selbst einen Menschen auf dem Gewissen? Niemand hat es mit meiner Großmutter leicht gehabt, niemand konnte es ihr recht machen, am allerwenigsten ihr Mann. »Die hat alle Männer an ihrem Vater gemessen, an dem Kindheitsheldenbild von ihrem Vater, das sie ihr ganzes Leben lang gepflegt hat.« So hat es meine Großtante, ihre jüngere Schwester, einmal zu mir gesagt. Mit einem solchen Traumbild kann kein Mann mithalten. Mein Vater war sieben Jahre alt, da ist sein Vater tödlich verunglückt, nachts im Vollrausch auf dem Moped, auf dem Heimweg vom Wirtshaus. Warum er zu trinken angefangen hatte, darüber wurde nicht gesprochen. Ein einziges Mal hat meine Großtante darüber eine Bemerkung gemacht, und seitdem reden die beiden Schwestern nicht mehr miteinander. Bei meiner Babi aus Domažlice war es, wenn man so will, umgekehrt. Ihr Vater war ein Familientyrann, und der Mann, an den sie geriet, ein sturer Pedant aus einer Beamtenfamilie. Auch diesen Großvater habe ich nie kennengelernt; er hat kurz nach seiner

Pensionierung meiner Babi den Gefallen getan, an einem plötzlichen Herztod zu sterben. Angeblich wurde er von manchen »der Deutsche« genannt, worüber er sich als hundertfünfzigprozentiger Diener des sozialistischen Staates maßlos aufregen konnte.

Ich ließ mir von den Waldarbeitern den Weg zeigen, lief zurück nach Černá Řeka zum Wagen und fuhr weiter in Richtung Domažlice. In Nepomuk, wo die Straße beginnt, sich in Serpentinen abwärts zu winden, hielt ich an einem Aussichtspunkt an und stieg aus. Ein markierter Wanderweg läuft von hier aus über den Sádek zur Burgruine Hirschstein. Angeblich hat er ein unterirdisches Gegenstück, einen geheimen Gang, der in die Burgruine mündet, von dem die Pascher wussten, und den auch mein Urgroßvater benutzt haben soll. Wer weiß, vielleicht liegen dort heute noch Zentnersäcke voll Salz und andere Schmugglerwaren – falls es ihn wirklich gibt. Ausgeschlossen ist es nicht. Lager und Verstecke entlang der Pascherpfade waren lebenswichtig. Im Notfall musste man blitzschnell an sicherer Stelle loswerden, was man bei sich trug, um sich dann mit harmlosem Gesicht von den Finanzern durchsuchen zu lassen. Ich blickte in die weite Ebene vor mir, in ihrer Mitte die Stadt Domažlice. In spätestens einer Viertelstunde würde ich dort auf dem Marktplatz parken und das Polizeibüro betreten, in dem vor achtzig, neunzig Jahren die geschnappten Pascher vernommen wurden. Ich wusste immer noch nicht, was ich zu den Beamten sagen sollte. Vielleicht: »Bitte nehmen Sie von mir eine Speichelprobe, um zu prüfen, ob meine DNA mit der des aufgefundenen Skeletts verwandt ist«? Genau das würde meine Großmutter von mir erwarten, kein Zweifel. Sie wollte wissen. Aber wollte ich es auch?

Mein Vater hat meine Mutter schon sehr früh »Schmetterling« genannt, ab dem Zeitpunkt, als sie ihm sagte, dass ihr Nachname »Motýlová« auf Deutsch »Schmetterling« bedeutet. Motýl, der Schmetterling. Angenommen, man hat den Mann meiner Babi nicht nur wegen seines pedantischen Beamtenwesens den Deutschen genannt, sondern auch, weil sein Vater ein halber Deutscher war, dann kann die Familie nicht schon immer »Motýl« geheißen haben; der Name »Schmetterling« aber ist mir in Deutschland noch nie begegnet. Also wird man nur den Klang und das Schriftbild des Namens ein wenig verändert haben, und der Motýl war ursprünglich ein Mottl – der Mottl?

Wenn ein Abgleich des Erbguts ergeben sollte, dass der Tote, dessen Überreste aufgefunden wurden, mit mir verwandt ist – an welchem Punkt werde ich in Domažlice aufhören, Fragen zu stellen? Werde ich danach fragen, aus was für einer Waffe das Projektil mutmaßlich stammte, das seinen Schädel durchschlug, werde ich meine Babi aufsuchen, sie nach alten Fotografien ihres Schwiegervaters, des pflichtbewussten Beamten Mottl fragen, auf denen er in Uniform und mit Dienstwaffe abgebildet ist, um am Ende zu wissen, dass die Bremsen im Giselawald Täterblut und Opferblut aus mir gesaugt haben?

Die Autoren

Hildegunde Artmeier, geb. 1964 in Oberbayern, schrieb schon als Zehnjährige Kinderkrimis für ihre Mitschülerinnen. Nach einem Studium der Biologie an der Universität Regensburg und einer Ausbildung zur fremdsprachlichen Wirtschaftskorrespondentin an der IHK Nürnberg folgten berufliche Stationen in der Pharmabranche, im weltweiten Export und als Übersetzerin wissenschaftlicher Fachtexte. Inzwischen arbeitet die Mutter von zwei Kindern im fremdsprachlich-kaufmännischen Bereich und als freie Schriftstellerin. Sie schuf die erste Regensburger Krimireihe, die in der Presse große Beachtung fand. Nach ihrem Debütroman *Drachenfrau* (2004) erschienen mehrere Kurzgeschichten und fünf Kriminalromane, zuletzt *Missing Laura – Laura vermisst* (2010) und *Die Tote im Regen* (2010).
Weitere Infos: www.hildegunde-artmeier.de

Markéta Cekanová, geboren 1969 in Pilsen, freie Journalistin und Schriftstellerin. Nach einem Studium an der Fakultät für Maschinentechnik der Westböhmischen Universität arbeitete sie für den Tschechischen Rundfunk, die Tageszeitung *Mladá Fronta Dnes*, das Tschechische Fernsehen und für weitere Medien. Sie schreibt Kurzgeschichten, Märchen für Kinder sowie Sachbücher über berühmte Bauwerke und Persönlichkeiten. Im Jahr 2011 erschien ihr erstes Buch mit kriminalistischer Thematik, eine Sammlung von Geschichten aus der Wendezeit des 19. zum 20. Jahrhundert: *Hříšníci, lumpové a darebáci* (»Sünder, Lumpen und Gauner«). Ein Jahr später folgte die Fortsetzung: *Hříšníci, lumpové a nešťastníci* (»Sünder, Lumpen und Unglücksraben«). In allerjüngster Vergangenheit erschienen zwei ihrer Kriminalerzählungen in dem Buch *Vrahem proti své vůli* (»Mörder wider Willen«). Weitere Infos: www.marketacekanova.webnode.cz

Norman Dankerl arbeitete mehr als 30 Jahre als Redakteur, Fotograf und Autor in der Oberpfalz und war einige Jahre Lokalchef der *Mittelbayerischen Zeitung* in Amberg. Texte und Bilder von ihm erschienen in Zeitungen und Zeitschriften im In- und Ausland, Beiträge wurden im Rundfunk gesendet. Er ist Autor zahlreicher Bücher und Buchbeiträge, darunter der Roman *Wassertor* (1997), ein »Krimi aus der Oberpfalz«. Für sein Theaterstück »Menschenmuseum« erhielt er den Autorenpreis des *Turmtheaters Regensburg* und wurde im Wettbewerb »Bayerischer Heimatpreis« ausgezeichnet.

Horst Eckert, 1959 in Weiden/Oberpfalz geboren, lebt seit 27 Jahren in Düsseldorf. Er studierte Politische Wissenschaft und arbeitete fünfzehn Jahre als Fernsehjournalist. 1995 erschien sein Debüt *Annas Erbe*. Seine Romane gelten als »im besten Sinne komplexe Polizeithriller, die man nicht nur als spannenden Kriminalstoff lesen kann, sondern auch als einen Kommentar zur Zeit« (*Deutschlandfunk*). Sie sind ins Französische, Niederländische und Tschechische übersetzt sowie mehrfach preisgekrönt (u.a. Friedrich-Glauser-Preis 2001 für *Die Zwillingsfalle*, Krimi-Blitz 2012 für *Schwarzer Schwan*. Zuletzt erschien im Herbst 2013 der Thriller *Schwarzlicht*.
Weitere Infos: www.horsteckert.de

Lotte Kinskofer wurde in Langquaid (an der Grenze von Niederbayern zur Oberpfalz) geboren, hat in Regensburg das Gymnasium besucht und in München Germanistik, Anglistik und Kommunikationswissenschaften studiert. Sie arbeitete als Journalistin und Redakteurin für verschiedene Zeitungen und schreibt heute als Drehbuchautorin und Buchautorin für Kinder, Jugendliche und Erwachsene.
Weitere Infos: www.lotte-kinskofer.de

Raimund A. Mader, 1952 in Bad Tölz geboren, lebt seit mehr als dreißig Jahren in Eschenbach in der Oberpfalz. Er ist verheiratet und Vater zweier Töchter. Ehe es ihn in die Oberpfalz verschlug, studierte er Germanistik und Anglistik in München und verbrachte als DAAD-Stipendiat einige Jahre in Seattle, Washington. Seit geraumer Zeit ist er als Gymnasiallehrer in Weiden tätig. Er hat mit *Glasberg* (2008), *Schindlerjüdin* (2010) und *Roter Herbst* (2013) bislang drei Kriminalromane veröffentlicht.

Petra Nacke stammt aus Norddeutschland. Sie studierte Theater- und Literaturwissenschaft in Erlangen. In München absolvierte sie eine Ausbildung in Schauspiel, Gesang und Tanz. Heute lebt sie als freie Autorin, Sprecherin und Sängerin in Nürnberg. Seit 1997 ist sie feste freie Mitarbeiterin des Bayerischen Rundfunks. Gemeinsam mit Elmar Tannert veröffentlichte sie bei *ars vivendi Rache, Engel!* (2008), *Blaulicht* (2010) sowie *Der Mittagsmörder* (2012). Im Herbst 2013 gab sie die Anthologie *Leiche sucht Autor* heraus.
Weitere Infos: www.petra-nacke.de

Sonja Silberhorn, Jahrgang 1979, ist in Regensburg geboren und aufgewachsen. Sie arbeitete mehrere Jahre in der Hotellerie, unter anderem auf den Kanaren und in Berlin, bis die Liebe zu ihrer Heimatstadt überwog. Heute lebt sie dort mit ihrem Mann und ist, neben dem Schreiben, im kaufmännischen Bereich tätig. Bisher erschienen ihre Kriminalromane *Herzstich* (2011), *Regenwalzer* (2012) und *Donaugrund* (2013).
Weitere Infos: www.sonja-silberhorn.de

Max Stadler, 1981 in Burglengenfeld zur Welt gekommen, studierte Sinologie und Geschichte an diversen Orten, bis er im Alter von 23 Jahren anfing, skandinavische Romane zu übersetzen. Seither arbeitet er als freier Übersetzer vor allem aus dem Schwedischen, Französischen und Englischen und streut hin und wieder auch Veröffentlichungen aus eigener Feder ein. Er lebt in Berlin. 2014 erschien sein Kriminalroman *Waidwund* bei *ars vivendi*.

Elmar Tannert, 1964 in München geboren, absolvierte ein Studium der Musikwissenschaft und Romanistik. Von 1991 bis 2003 war er in verschiedenen Berufen tätig, beispielsweise als Datentypist, Zeitungsverkäufer, Postbote und Tankwart. Ab 1994 erfolgten erste Veröffentlichungen seiner Kurzgeschichten. Seit 2003 arbeitet er als freier Schriftsteller sowie unter anderem beim *Bayerischen Rundfunk* und der *Abendzeitung Nürnberg*. 1999 erhielt er den Kulturförderpreis der Stadt Nürnberg wie auch des Freistaats Bayern und 2001 den Kulturförderpreis des Bezirks Mittelfranken. Bei *ars vivendi* erschienen von ihm *Der Stadtvermesser* (1998), *Keine Nacht, kein Ort* (2002), *Ausgeliefert* (2005) und die gemeinsam mit

Petra Nacke verfassten Romane *Rache, Engel!* (2008), *Blaulicht* (2010) sowie *Der Mittagsmörder* (2012).

»Mord verjährt nie« verarbeitet Motive aus den Lebenserinnerungen von Ludwig Armer, Haselbach, erschienen unter dem Titel *Der Schmugglerkönig vom Böhmerwald* (Privatdruck, vergriffen).

Weitere Infos: www.elmar-tannert.de

Leichen im Gemüsebeet

Thomas Kastura (Hrsg.)
Tatort Garten
14 packende Kriminalgeschichten
Klappenbroschur, 217 Seiten
ISBN 978-3-86913-110-8

Der Garten: ein kleines Paradies und zugleich Schauplatz mysteriöser Verbrechen. Wer es sanft mag, mordet mit Hilfe von Tollkirsche, Eisenhut oder Wasserschierling. Brutaler geht es mit Spaten und Heckenschere zu. Zehn fränkische Krimiautoren und fünf Gastautorinnen aus ganz Deutschland und Österreich haben ihre Fantasie kräftig zum Blühen gebracht. Mit Beiträgen von Angela Eßer, Tommie Goerz, Dirk Kruse, Beate Maxian, Elmar Tannert, Helmut Vorndran u. a.

»In 14 Kurzkrimis zerlegen die Autoren ein grünes Idyll in seine absurden Einzelteile. Da wird die Tollkirsche zur Mordwaffe, und der Gartenzwerg ist der einzige Zeuge. Wer seine Freiluftoase liebt, sollte das Buch mit Vorsicht genießen.«

meine familie & ich

Mit Provinz und Tücke

Tessa Korber (Hrsg.)
Fiese Morde in der Provinz
Kriminalgeschichten
Klappenbroschur, 238 Seiten
ISBN978-3-86913-059-0

Ob in Hintertupfing oder hinterm Deich, die deutsche Provinz ist ein gefährliches Pflaster. Denn nicht nur die Metropolen haben ihre Last mit der Kriminalität. Das allzu menschliche Vergnügen, den verhassten Nächsten um die Ecke zu bringen, blüht auf dem Lande zwar verborgen hinter idyllischen Fassaden, aber darum nicht weniger üppig. Und das mit Hinterlist und Tücke. Was ist ein Mord im Rotlichtmilieu gegen die Leidenschaften, die hinter wohlgepflegten Geranienkästen lauern? Die gedemütigte Oma an der Supermarktkasse steht mit ihren Rachegelüsten einem in seiner Ehre gekränkten Mafioso in nichts nach. Und für Drogen ist ohnehin in der kleinsten Hütte Platz, so was regelt man auf dem Land ganz gelassen, hinterfotzig und unter sich. Ansichten aus der deutschen Provinz, von denen Großstädter nicht zu träumen wagen ...

Mit Beiträgen von Lena Blaudez, Nicola Förg, Nina George, Anja Jonuleit, Karr & Wehner, Carsten Klemann, Stefanie Koch, Sandra Lüpkes, Franziska Steinhauer, Jörg Steinleitner, Elmar Tannert, Birgit C. Wolgarten, Petra Würth

Liebe, die den Tod bringt ...

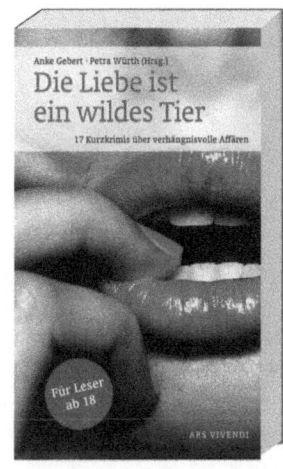

Anke Gebert · Petra Würth (Hrsg.)
Die Liebe ist ein wildes Tier
17 Kurzkrimis über
verhängnisvolle Affären
Klappenbroschur, 224 Seiten
ISBN 978-3-86913-200-6

Die Liebe ist eine Himmelsmacht – aber auch Todesursache Nr. 1 unter den nicht natürlichen Sterbefällen. In den Kriminalgeschichten dieser Anthologie reimt sich Herz final auf Schmerz: Leidenschaft schlägt um in Hass, Seitensprünge enden verhängnisvoll, eine Amour fou wird zur mörderischen Falle ...

Mit Beiträgen von Bernhard Aichner · Jürgen Ehlers · Marcel Feige · Anke Gebert · Nina George · Gunter Gerlach · Marina Heib · Norbert Horst · Andreas Izquierdo · Peter James · Gisa Klönne · Carmen Korn · Ralf Kramp · Tatjana Kruse · Bernhard Lassahn · Kurt Palm · Petra Würth

»Spannend [...] Die Schattenseiten großer Gefühle: In der Anthologie ›Die Liebe ist ein wildes Tier‹ [...] stellen die Herausgeberinnen Anke Gebert und Petra Würth 17 erotische und romantische Kurzkrimis vor.«

Madame

Prost Mordzeit!

Angela Eßer (Hrsg.)
Mordsappetit
Kulinarische Krimis aus Bayern
Klappenbroschur, 272 Seiten
ISBN 978-3-86913-174-0

Von wegen weiß-blaues Postkartenidyll! Bayern hat auch ganz andere Seiten zu bieten: Kriminell gute Autorinnen und Autoren ziehen eine Blutspur durch das ganze Bundesland von den Alpen über Augsburg und Nürnberg bis nach Bamberg – mit ihren Geschichten rund um gefährliche Köstlichkeiten und mörderisch delikate Schmankerln. Kulinarische Dreingabe zu jedem Kurzkrimi: das passende Rezept! Mordslust auf Hopfenspargelragout, Brezenguglhupf oder Weißwurst Italiano?

Mit Beiträgen von Friedrich Ani · Willy Astor · Angela Eßer · Werner Gerl · Michael Gerwien · Bernhard Jaumann · Thomas Kastura · Lotte Kinskofer · Tessa Korber · Barbara Ludwig · Andreas Mäckler · Beate Maxian · Marc Ritter · Irene Rodrian · Frank Schmitter · Leonhard Michael Seidl